Glücklicher
als Gott

Titel der Originalausgabe:
Happier than God
© 2008 by Neale Donald Walsch
Published by Arrangement with
HAMPTON ROADS PUBLISHING Co. INC.

Dieses Werk wurde vermittelt durch die
Literarische Agentur Thomas Schlück GmbH, 30827 Garbsen

Neale Donald Walsch:	Übersetzung: Jochen Lehner
Glücklicher als Gott	Lektorat: Hendrik Bönisch
Projektkoordination:	Umschlaggestaltung:
Marianne Nentwig	Shivananda Heinz Ackermann
© J. Kamphausen Verlag &	Typografie/Satz: Wilfried Klei
Distribution GmbH, Bielefeld 2008	Druck & Verarbeitung:
info@j-kamphausen.de	Westermann Druck Zwickau

www.weltinnenraum.de

3. Auflage 2008
Die Deutsche Bibliothek – CIP-Einheitsaufnahme

Ein Titelsatz für diese Publikation
ist bei der Deutschen Bibliothek erhältlich.

ISBN 978-3-89901-164-7

*Dieses Buch wurde auf 100% Altpapier gedruckt und ist alterungsbeständig.
Weitere Informationen hierzu finden Sie unter www.weltinnenraum.de*

Alle Rechte der Verbreitung, auch durch Funk, Fernsehen und
sonstige Kommunikationsmittel, fotomechanische oder vertonte Wiedergabe
sowie des auszugsweisen Nachdrucks vorbehalten.

Neale Donald Walsch

Glücklicher als Gott

Verwandle dein Leben
in eine außergewöhnliche Erfahrung

Heidemarie Reisinger

Aus dem Amerikanischen übersetzt
von Jochen Lehner

Gott trägt mir auf, euch dies zu sagen:

Kein Ding muss in Ordnung gebracht werden.
Alle Dinge verlangt es nach freudiger Begrüßung.
Dir wurde gegeben, dich zu beugen,
damit du die vielen Wunder
zu deinen Füßen
entdecken kannst.
Dir wurde gegeben, dich zu strecken,
damit du dein eigenes Himmelsgesicht
in seiner ganzen Schönheit finden kannst

gleich über

allem, was du meinst, schultern zu müssen.

Wenn ich Gott anrufe,
mit mir zu sprechen,
fühle ich mich genauso klein
und allein
wie du.
Dennoch, genau dann
und ohne guten Grund,

beginne ich zu *leuchten*.

(Begin to Shine – © 2007 M. Claire)

1 Sie sind gerade Zeuge eines außerordentlichen Mechanismus ... 11

2 Eine bestürzende Wahrheit, die die Welt in Erstaunen versetzen wird ... 19

3 Das Versprechen, an das nur wenige glauben können; die Wahrheit, die nur wenige akzeptieren können ... 23

4 Die neue Frohe Botschaft ... 27

5 Wenn sehen nicht genügt, um zu glauben ... 33

6 Die wichtigste Frage, die je gestellt wurde ... 37

7 Teufelswerk oder Gotteswerk? ... 43

8 Ein Werkzeug mit zwei Griffen ... 47

9 Die großen Prinzipien des Lebens ... 55

10 Bewusste oder unbewusste Wahl ... 61

11 Das Wunder, das Ihr Leben verändern wird ... 67

12 Warum das Leben gegensätzlich wird ... 73

13 Der Weg aus der Negativitätsfalle ... 81

14 Das Leben ist ein unvergleichliches Abenteuer ... 95

15 Keine Sorge, Sie haben alle Zeit der Welt ... 99

16 Hier ist sie endlich: Die unausgesprochene Wahrheit 107

17 Sie haben keinen Grund, in Sorge um sich selbst zu sein ... 113

18 Warum wir vergessen und wie ... 123

19	Ein Wort über „negatives Denken"	129
20	Das wahre Wesen Gottes	135
21	Gottes größtes Geschenk: Ihre vollkommene Freiheit	143
22	Der Mechanismus der Manifestation	149
23	Weshalb der Schöpfungsprozess unter Verschluss gehalten wurde	159
24	Wie man persönliche Ziele am besten erreicht	167
25	Persönliche Schöpfung und das Leid in der Welt	171
26	Wie persönliche Schöpfung der ganzen Welt helfen kann	183
27	Glücklicher als Gott in 17 Schritten	195
28	Sie sind dabei, eine Revolution einzuleiten	233
	Nachwort	239
	Postskript: Die „Zehn Illusionen" der Menschen	241
	Fußnoten	252
	Literatur- und Filmempfehlungen	256

Stellen wir ein Wort der Dankbarkeit an den Anfang.

*Danke, Gott. Danke für dieses Buch und für dieses
Leben und für das Wunder dieses Augenblicks.
Danke für alles, was mir je widerfahren ist,
eben jetzt widerfährt und jemals widerfahren wird.
All das bringt die Vollkommenheit dieses nächsten
Atemzugs und die ganze Herrlichkeit dessen, der ich
jetzt sein werde, hervor.*

Gut. Notieren Sie jetzt auf der Umschlaginnenseite
das heutige Datum. Sie werden sich daran erinnern
wollen. Sie sind nämlich im Begriff, eine Formel für
alles im Leben zu erhalten, die all das, was Ihre
tagtägliche Lebenserfahrung ausmacht,
verändern wird.
Oder eben nicht.

Und dies ist der Tag,
an dem Sie darüber entscheiden werden ...

1

Sie sind gerade Zeuge eines außerordentlichen Mechanismus

Das Leben war als glückliches Leben gemeint.
Glauben Sie das?

Es ist so. Ich weiß, es sieht nicht so aus, wenn Sie sich umsehen, aber es ist so. Das Leben war als glückliches Leben gemeint.

Sie waren als glücklicher Mensch gedacht. Und wenn Sie schon glücklich sind, war Ihnen noch mehr Glück zugedacht. Und sollten Sie schon *sehr* glücklich sein, können Sie noch glücklicher sein.

Wie glücklich? Wie glücklich können Sie überhaupt sein? Tja ... Sie können glücklicher als Gott sein.

Ich habe einmal eine Dame von einem sehr reichen Mann sprechen hören. Sie sagte: „Der hat mehr Geld als Gott." So meine ich das. Ich meine das Nonplusultra an Superlativ.

Außerdem meine ich es ganz wörtlich. Und das wirft natürlich eine Menge Fragen auf. Erfährt Gott überhaupt das, was wir Glück nennen? Ja. Und heißt das, dass er auch unglücklich sein kann? Nein. Wenn wir glücklicher als Gott sein können, sind wir dann von Gott verschieden? Nein. Wie kann das sein?

Also, es ist einfach so, dass es da ein Rezept gibt, eine Formel, nach der Sie glücklicher als Gott sein können. Mystiker haben diese Formel schon immer gekannt und viele Lehrer mystischer Weisheit ebenfalls. Auch einige der spirituellen Botschafter unserer Zeit kennen sie, aber sie ist im Laufe der Jahrhunderte so etwas wie ein Geheimrezept geworden, einfach weil nicht viel darüber gesprochen wird. Wirklich nicht viel.

Und warum nicht? Weil sich nur sehr wenige von denen, die spirituelle Lehrer oder Botschafter davon haben sprechen hören, zum Glauben an diese Geheimformel und das, was sie bewirken soll, durchringen konnten. Und wer von Dingen redet, die niemand glaubt, macht sich damit schnell unbeliebt.

Auch heute, in dieser intellektuell und spirituell angeblich so aufgeklärten Zeit, geben nicht viele spirituelle Lehrer und Botschafter diese Formel preis. Und wenn sie darüber sprechen, lassen sie die Hälfte weg. Die allermeisten halten die andere Hälfte, den wirklich atemberaubenden Teil dieses Rezepts, unter Verschluss. Da haben wir also eine ganz erstaunliche Wahrheit, aber kaum jemand ahnt auch nur, was sie beinhaltet.

Was haben wir von einer Wahrheit, die nur zur Hälfte offengelegt ist? Gar nichts. Eine halbe Wahrheit ist eher irreführend, wenn nicht sogar gefährlich. Deshalb wird hier von der Wahrheit, der ganzen Wahrheit und nichts als der Wahrheit die Rede sein. Wir beginnen mit der Frage, weshalb Sie dieses Buch in der Hand halten, und wenn wir fertig sind, werden wir einen höchst erstaunlichen Vorgang oder Mechanismus beschrieben haben.

Einverstanden? Gut, dann los.

Fragen Sie sich, wie Sie an dieses Buch gekommen sind.

Nein, lassen Sie nur, ich werde es Ihnen sagen. Sie haben dieses Buch auf einen Impuls hin zur Hand genommen.

Und woher kam der?

Von Ihnen.

Aber wie? Wieso regte sich dieser Impuls in Ihnen? Was steckt dahinter? Wo in Ihnen liegt sein Ursprung?

Die Antworten werden einen Großteil dieses Buchs ausmachen, und ich verspreche Ihnen, sie sind verdammt aufregend. Aber wenden wir uns für den Augenblick einer noch viel umfangreicheren Frage zu: Wie kommt es, dass dieses Buch ausgerechnet jetzt genau hier liegt, wo Sie gerade sind, und Ihnen Anlass gibt, es zu sehen und einen Impuls zu haben?

Das ist die Schlüsselfrage, nicht wahr? Wenn Sie die Antwort wüssten, könnte diese Frage Ihr ganzes Leben verändern.

Hier kommt die Antwort, stellen Sie sich darauf ein, Ihr ganzes Leben zu ändern:

Das Buch liegt „ganz zufällig" hier, eben jetzt und genau hier, weil Sie es hierher gelegt haben.

Sie sind der Grund dafür, dass es hier ist.

Das müssen Sie mir jetzt erst einmal einfach abnehmen, wir werden es hier noch mit mancherlei zu tun haben, was Ihre Glaubensbereitschaft ziemlich strapazieren wird. Sie erinnern sich doch: Selbst heutige spirituelle Botschafter rücken damit nicht heraus, und zwar deshalb, weil nur ganz wenige es glauben können. Entscheiden Sie also gleich jetzt: Möchten Sie einer von ihnen sein, oder möchten Sie diese Grenzen überschreiten? Möchten Sie so richtig auf Entdeckungsfahrt gehen? Über das hinaus, was unsere gegenwärtigen Vorstellungen und Konstruktionen abdecken?

Wenn ja, dann lesen Sie weiter, und passen Sie auf, dass Sie fest und sicher sitzen.

Sie also haben dafür gesorgt, dass dieses Buch jetzt hier ist, genau hier, eben jetzt. Es wird Ihnen nicht so vorkommen, als hätten Sie das getan, aber es ist so.

Und wie?

Mit Quantenphysik.

Viele wenden die Quantenphysik an, ohne es zu wissen. Das heißt, ohne es *bewusst wahrzunehmen.*

Die Quantenphysik (*Naturwissenschaft*, falls Sie denken, das sei weit hergeholt) sagt: „Alles Beobachtete wird durch die Beobachtung beeinflusst." Wenn das so ist (und es ist so), dann haben Sie an dem, was jetzt gerade geschieht, und zwar genau so, wie es geschieht, mitgewirkt. Die Frage ist demnach nur, ob Sie das bewusst oder unbewusst, wissentlich oder unwissentlich, gezielt oder ungezielt getan haben. Aber ich versichere Ihnen, Sie haben es getan.

Sie haben dieses Buch angezogen und dafür gesorgt, dass Sie darauf aufmerksam wurden und es jetzt lesen, weil Sie das tiefe Verlangen haben, glücklicher zu sein.

Wie dieses Buch in einen Computer und von da aus zu einem Verlag und schließlich in Ihren Buchladen kam, das hat überhaupt nichts Ungezieltes oder Beliebiges, es hat nicht das Geringste mit Zufall zu tun.

Nichts von alledem ist einfach so passiert.

Freuen Sie sich also. Sie wurden soeben Zeuge des erstaunlichsten Mechanismus, den dieses Universum zu bieten hat. Ich spreche vom *Mechanismus der Manifestation.*

Das kann man auch so formulieren: Sie erleben soeben ...

... Gott in Aktion.

(Und wenn Sie das nicht froh macht, wird Sie nichts froh machen.)

2

Eine bestürzende Wahrheit, die die Welt in Erstaunen versetzen wird

Bevor wir hier fertig sind, werden Sie eine Menge mehr darüber erfahren, was Sie tun können, um glücklicher zu sein. Wir werden über konkrete Schritte sprechen, die Sie unternehmen können, um Ihrem Geist mehr Frieden, Ihrem Herz mehr Liebe und Ihrer Seele mehr Freude zukommen zu lassen – und dafür zu sorgen, dass es so bleibt.

Darauf sind Sie bestimmt neugierig, aber ich will vorher noch über etwas anderes sprechen. Sie werden diese Schritte noch mehr verinnerlichen und deshalb besser als Instrumente verwenden können, wenn sie in den größeren Zusammenhang eingebunden sind.

Losgelöst von diesem Kontext könnten die Schritte nämlich wie lauter „Tipps für ein besseres Leben" erscheinen, und dieses Buch könnte wie ein „Selbsthilfebuch" wie jedes andere aussehen. Genau das ist es ganz entschieden nicht. Dieses Buch legt dar, wie das Leben *insgesamt* funktioniert. Es macht aus dem gewöhnlichen Leben eine außergewöhnliche Erfahrung.

Wenn ich Ihnen diese Grunderläuterung gegeben habe, werden die Schritte, von denen ich sprach, erst richtig lebendig und in ihrer Bedeutung erkennbar. Deshalb möchte ich Ihnen erst etwas über persönliche Schöpfung, über die großen Prinzipien des Lebens und über diese unausgesprochene Wahrheit erzählen.

Damals in den 1960er Jahren gab es einen Autoaufkleber, der sehr populär wurde. Auf ihm stand: IST GOTT TOT?

Hinter dieser Frage stand die Vermutung, unsere Evolution könnte so schnell so weit vorangeschritten sein, dass Gott möglicherweise keine Bedeutung mehr hätte. Weitere Nahrung bekam dieser Gedanke in jüngster Zeit durch allerlei neue Lehren über das, was jetzt gemeinhin „Gesetz der Anziehung" genannt wird. Nach dieser Auffassung kann der Mensch seine Realität selbst erzeugen und braucht dazu nichts weiter als „positives Denken" und „gebündelte Intention".

Mir ist natürlich klar, dass Gott nicht tot ist. Und die meisten Menschen stimmen mir darin zu. Umfragen zufolge bilden diejenigen, die an eine Kraft glauben, die größer ist als sie selbst, nach wie vor in allen Ländern und Kulturen den größten Bevölkerungsanteil.

Aber wozu wäre diese größere Kraft gut, wenn wir Menschen alles, was wir wollen, aus eigener Kraft erschaffen oder beschaffen könnten? Welche Funktion hätte sie dann noch? Was ließe sich mit ihr anfangen?

Jedenfalls kommen heute viele – besonders in Kreisen, in denen die „Überholspur zum Glück" populär geworden ist – zu der erstaunlichen Schlussfolgerung, dass wir Gott nicht mehr brauchen.

Ich werde jetzt etwas sagen, was Sie bestimmt freuen wird, sollten Sie an Gott glauben. Allerdings nicht sofort. Erst einmal werden Sie dieses Buch wahrscheinlich weglegen wollen. Tun Sie das nicht, sonst entgeht Ihnen der Teil, der Ihnen bestimmt gefallen wird.

(Und sollten Sie nicht an Gott glauben, werden Sie das, was ich jetzt sage, zumindest spannend finden. Also, dranbleiben!)

Ja, es stimmt.

Wir brauchen Gott nicht mehr.

Eigentlich haben wir Gott nie gebraucht.

Wir brauchen Gott für gar nichts.

Das ist die bestürzende Wahrheit, die die Welt in Erstaunen versetzen wird. Es ist die Wahrheit, die niemand aussprechen möchte. Es ist aber noch nicht die ganze unausgesprochene Wahrheit. Bleibt noch zu sagen, *weshalb* wir Gott für gar nichts brauchen.

3

Das Versprechen, an das
nur wenige glauben können;
die Wahrheit, die nur wenige
akzeptieren können

Wenn wir Gott nicht brauchen, heißt das nicht, dass nichts mit Gott anzufangen wäre. Im Gegenteil: Gerade *weil* wir so viel mit Gott anfangen können, brauchen wir Gott nicht.

Wie können wir etwas brauchen, was wir immer haben, was wir unter keinen Umständen jemals *nicht* haben könnten, was wir immer benutzen und niemals *nicht* benutzen können, so entschieden wir es auch bestreiten mögen?

Es ist nicht möglich, Gott nicht in Ihrem Leben zu haben, als Bestandteil Ihres Lebens, und viele Menschen können das nicht glauben. Sie schenken Gottes größtem Versprechen keinen Glauben: *Ich werde immer bei euch sein bis ans Ende aller Zeiten.*

Es ist nicht möglich, Gott nicht zu benutzen, selbst wenn Sie überzeugt sind, dass Sie es nicht tun – und auch das ist etwas, was viele nicht glauben können. Sie glauben nicht an diesen wunderbaren Gedanken, den alle Religionen auf ihre je eigene Weise lehren:

Bittet, so wird euch gegeben.

Wer diese Wahrheit nicht akzeptieren kann, wird die Formel, nach der sich jeder das erschaffen kann, was er erleben möchte, vollständig und gründlich missverstehen.

Ich gebe dieser Formel den Namen „persönlicher Schöpfungsprozess" (anderswo „Gesetz der Anziehung" genannt), und sie macht Gott alles andere als obsolet. Sie macht unsere Gotteserfahrung präsenter, relevanter und realer als je zuvor.

4

Die neue Frohe Botschaft

Alle großen Wahrheiten beginnen als Gotteslästerung.

Das sind die berühmten Worte George Bernard Shaws, und er hatte Recht. Seine Bemerkung erklärt auch, weshalb so viele Wahrheiten ganz behutsam beigebracht werden müssen, mit leiser Stimme und die Wahrheit selbst ein wenig abgeschwächt.

Es kommt aber die Zeit, in der sich die Wahrheit nicht mehr herunterspielen lässt, sie sprudelt hoch zur Oberfläche des Lebens und bricht sich in ihrer ganzen Herrlichkeit Bahn. Das sind die Sternstunden der Menschheit, in solchen Durchbrüchen der Wahrheit vollzieht sich unsere Evolution.

Nehmen wir den Gedanken, dass Sie glücklicher als Gott sein können.

Welch ein Gedanke! Was für eine Vorstellung! Revolutionär! Folglich wehren sich eine Menge Leute dagegen. Seit Jahren gehen sie dagegen an, bestreiten es, stellen es als falsch dar.

Ja, es gibt Menschen – und, obwohl es kaum zu glauben ist, Religionen –, die es als falsch ansehen, glücklich zu sein, und glücklicher als Gott zu sein, ist natürlich völlig undenkbar. (Gut, sie haben vielleicht nicht das Glücklichsein selbst, sondern nur das meiste dessen, was glücklich *macht*, für verwerflich erklärt.)

Viele meinen, das Leben sei so gedacht, dass es viele Schmerzen mit sich bringt. Leiden sind ein „Opfer", das man Gott darbringt. Man erträgt sie schweigend. So sammelt man Punkte im Himmel.

Unsere Kultur hat sich diese Vorstellung so ganz und gar zu eigen gemacht, dass manche gar nicht unentwegt glücklich sein *wollen*. Und wenn man mit „glücklicher als Gott" anfängt, werden sie sehr unruhig und man spürt ihr Unbehagen. Sie halten einem mahnend vor, man sei „unrealistisch". Vielleicht hat man sogar „Umgang mit dem Teufel".

Und dann sagen sie, das Leben *solle* nun mal unglücklich sein. Leben ist Prüfung. Leben ist Schule. Wenn es nicht wehtut, bringt es nichts. Sehr viele Menschen glauben das. Wenn man ihnen sagt, das Leben sei nie als unglückliche Erfahrung geplant gewesen und für niemanden bestünde je die Notwendigkeit, unglücklich zu sein, sehen sie einen mit glasigem Blick an. Sie können damit nichts anfangen. Sie wissen nicht, wie sie damit umgehen sollen. Aber häufig sagen sie einem, wohin man sich damit scheren soll ...

Gut, dann ist diese Idee, dass Sie glücklicher als Gott sein können, eben gotteslästerlich. Sie stimmt trotzdem. Sie ist nicht zu schön, um wahr zu sein; sie ist zu schön, um *nicht* wahr zu sein.

Die Frohe Botschaft besteht darin, dass Sie nicht durch die Hölle gehen müssen, um in den Himmel zu kommen.

Haben Sie das gehört! Das sollte man von den Dächern rufen! Von jedem Rednerpult, von jeder Kanzel herunter sollte es zu hören sein. Möge das Wort von diesem Hier und Jetzt in alle Welt hinausgehen: *Glück ist unser natürlicher Seinszustand,* in dem wir *immer* sein können. Sie müssen nie wieder unglücklich sein.

Was nicht heißt, dass Sie nie wieder traurig sein werden. Aber traurig ist nicht dasselbe wie unglücklich. Wir wollen das jetzt nicht näher untersuchen, denn es geht ja um die Frage, wie Sie jederzeit und immer glücklich sein können.

Bin ich ständig glücklich? Nein, ich müsste schon lügen, um das zu behaupten. Bin ich öfter und anhaltender glücklich als je zuvor? Ja. Fühlt es sich allmählich schon wie *meistens* an? Ja. Glaube ich wirklich, dass ich ständig glücklich sein kann? Ja.

Und Sie können es auch. Sie können glücklicher sein als Gott.

Materialismus und ein „Ich-zuerst-Egoismus" spielen diesbezüglich natürlich überhaupt keine Rolle. Unsere Formel funktioniert ganz anders. Sie erlaubt Ihnen, alles zu erschaffen, was Sie möchten, und das kann sicherlich einen materialistischen Beiklang haben; aber wenn Sie erst einmal die *ganze* Formel kennen und die unausgesprochene Wahrheit vollständig erfasst haben, werden Sie ganz klarsehen.

Fangen wir also mit der Grundwahrheit an. Dann kommen wir zur Wahrheit *hinter* der Wahrheit, zu immer mehr von dieser unausgesprochenen Wahrheit.

Die Grundwahrheit haben Sie im ersten Satz dieses Buchs erfahren:

Das Leben war als glückliches Leben gemeint.

Und ich frage Sie noch einmal: Glauben Sie das? Wenn nicht, dann bleibt dem Leben nichts anderes, als gemäß Ihrem Unglauben seinen Lauf zu nehmen. Seien Sie nicht überrascht, wenn Sie öfter unglücklich sind, als Ihnen lieb ist. Aber wenn Sie glauben, dass das Leben als glückliches Leben gemeint war, dann wird es so sein.

Jetzt denken Sie vielleicht: Ach, wirklich? Woher kommt dann all der Schmerz auf der Welt, woher das ganze Leid?

Berechtigte Frage. Sie werden die Antwort hier bekommen. Aber jetzt, nur für den Augenblick, betrachten Sie einfach nur die sieben Wörter des Satzes, mit dem dieses Buch begann. Können Sie das wenigstens als *Möglichkeit* gelten lassen?

5

Wenn sehen nicht genügt, um zu glauben

Ich sage also: Ihr Glaube, dass ein größtenteils glückliches Leben möglich ist, kann bewirken, dass es tatsächlich so wird. Das freilich sind Neuigkeiten von gestern. Wir haben das alle schon gehört.

In diesem Buch soll es aber um das gehen, was Sie noch *nicht* gehört haben. Um eine noch größere Wahrheit nämlich, die hinter dieser Wahrheit liegt. Eine so gewaltige Wahrheit, so ... wie soll ich sagen ... so ganz anders als alles, was wir erfahren und was uns je beigebracht worden ist, dass viele Menschen (wie bereits zweimal angemerkt) diese Wahrheit einfach nicht glauben – auch nicht, wenn sie unmittelbar davorstehen. Wenn die Wahrheit vor ihrer Nase zum Leben erwacht, suchen sie trotzdem lieber in abwegigen Erklärungen Zuflucht.

Sie kennen bestimmt die Redewendung: „Das glaube ich erst, wenn ich es sehe." Genügt sehen wirklich? Lassen Sie mich von Magellans Schiff erzählen.

Ich habe die Geschichte von meinem lieben Freund Stephen Simon, Produzent und Regisseur der Filme *Gespräche mit Gott* und *Indigo. (1)* Stephen erzählt also, wie Magellan und seine Männer viele Inseln erkundeten und dabei keinerlei Feindseligkeiten der Eingeborenen erlebten. Man hätte ja erwarten können, dass sie in ihre Einbäume klettern und einen fulminanten Angriff gegen diese so fremdartig wirkenden Eindringlinge führen würden. Aber nein, überall wurden die Europäer mit offenen Armen empfangen. Der Grund? Nun, die Eingeborenen hatten natürlich Wachtposten, und denen blieb Magellans Schiff nicht verborgen, *aber sie hatten keine Ahnung, was sie da sahen.*

Sie hatten nie zuvor etwas so Gewaltiges und Majestätisches gesehen, das Menschen über das Wasser trägt. Diese Schiffe mit ihren himmelhohen Masten und den geblähten Segeln lagen so weit außerhalb der Erfahrungswelt dieser Inselbewohner, dass sie nichts auch nur im Entferntesten zum Vergleich heranziehen konnten, um diese Erscheinungen irgendwie einzuordnen. Sie vertäuten ihre Boote, legten die Speere beiseite und empfingen Magellan und seine Leute wie Götter.

Stephen bezeichnet das gern als das Magellan-Syndrom: Ein Phänomen, das immer dann auftritt, wenn einem etwas begegnet, das so weit außerhalb der eigenen Erfahrungswelt liegt, dass man sich buchstäblich keinen Reim darauf machen kann.

So, und die unausgesprochene Wahrheit, von der hier die Rede ist, liegt so weitab von allem, was die meisten von uns je gelernt oder gehört haben, dass wir selbst dann nicht wissen, was wir da vor Augen haben, wenn es sich ganz direkt in unserem Leben bemerkbar macht und seine Effekte sich direkt vor uns abspielen. Wir sehen es zwar, behaupten aber, es sei etwas anderes.

Wir sehen die Wirkungen der unausgesprochenen Wahrheit, deuten sie aber als Fügung oder als Versehen – als glücklichen oder dummen Zufall.

In Wirklichkeit ist da überhaupt nichts „Dummes" dran. Wir waren Zeugen des Wirkens der höchsten Intelligenz im Universum.

6

Die wichtigste Frage, die je gestellt wurde

Die spannende geistige Forschungsreise, die uns jetzt bevorsteht, könnte die wichtigste sein, die Sie je unternehmen werden. Dafür haben Sie sich hierher gebracht. Dafür hatten Sie den Impuls, dieses Buch zur Hand zu nehmen. Alles, was Sie hier lesen, wissen Sie bereits. Sie wissen nur noch nicht, dass Sie es wissen. Oder Sie wissen doch, mühen sich aber bisher vergeblich, sich zu erinnern. Vielleicht erinnern Sie sich sogar, haben jedoch Schwierigkeiten mit der *Anwendung*.

Wenn Sie sich in einem dieser Porträts wiedererkennen, werden Sie ganz enorm von der Klarheit profitieren, die Sie sich hier verschaffen, nachdem Sie den Mechanismus der Manifestation genutzt haben, um sich selbst alles darüber wissen zu lassen.

Wir werden uns diesen Mechanismus genau vor Augen führen. Ich selbst spreche gern von der Kraft hinter der persönlichen Schöpfung. Es geht darum, wie die Dinge zustande kommen. Oder wie Wirklichkeit Wirklichkeit wird.

Jetzt denken Sie: „Ach, *diese* Geschichte. Jaja, das hab' ich alles schon gehört. Haben die nicht kürzlich erst einen Film darüber gemacht?"

Ja, haben sie. Aber die unausgesprochene Wahrheit haben sie kaum auch nur gestreift. Wie das bei Diskussionen um „Manifestation" und „Schöpfung" so ist, ging diese Wahrheit hinter der Wahrheit mehr oder weniger unter, weil sie eben weitgehend verschwiegen wurde. Wer möchte schon in die Ecke der Gotteslästerer geschoben werden?

Aber es ist jetzt an der Zeit, über die verborgene Wahrheit zu sprechen. Und das geht uns alle an, nicht nur ein paar – alle spirituellen Autoren, Lehrer, Sprecher, Botschafter, die sich mit der Frage beschäftigen, wie das Leben wirklich funktioniert.

Es ist eine Sache, uns zu erzählen, dass wir alle glücklich sein können, dass wir die Erfahrungen machen können, die wir uns wünschen, dass es in unserer Macht steht, unsere Wirklichkeit selbst zu erschaffen. Aber *warum* das so ist, das ist eine ganz andere Sache.

Wir haben viel darüber gehört, wie und mit welchen Mitteln persönliche Schöpfung funktioniert, aber es ist noch kaum etwas über die *Gründe* dieses Funktionierens gesagt worden.

Das gibt zu etlichen Fragen Anlass, darunter eine, die sich als wichtigste Frage aller Zeiten entpuppen könnte.

Ich höre diese Frage oft bei meinen Vorträgen oder im Verlauf meiner Retreats zur spirituellen Erneuerung. Andere Menschen in ähnlicher Funktion hören sie auch, wie ich stark vermute. Sie ist sogar in einer weltweit ausgestrahlten Fernsehsendung gestellt worden.

Während einer Oprah-Winfrey-Show im Februar 2007 wurde die Frage von einer Frau aus dem Studiopublikum gestellt und hätte beinahe die Sendung platzen lassen. Es ging in der Sendung um diesen Film, der sich um das sogenannte Gesetz der Anziehung dreht und damals viel Aufsehen erregte. Bei diesem „Gesetz" handelt es sich um ein Phänomen, das über die Jahrhunderte hin schon von vielen Lehrern und Botschaftern in Büchern und Programmen, in Kursen und Vorträgen, in Predigten und Sentenzen angesprochen und erörtert worden ist. Oprah beschrieb dieses große Lebensprinzip während der Sendung mit folgenden Worten:

„Es besagt, dass alles, was Sie an Energie und Gedanken und Gefühlen in die Welt setzen, seien sie gut oder schlecht, ohne Ausnahme genau so zu Ihnen zurückkommt ... Folglich haben Sie immer das Leben, das *Sie* erschaffen haben. Ich rede darüber schon seit Jahren in dieser Show ..."

Die Studiogäste fingen allmählich Feuer angesichts dieses in besagtem Film mit dem Titel *The Secret* vertretenen Gedankens, man müsse nur positive Gedanken und Gefühle ganz bewusst und gezielt einsetzen, um die gewünschten Resultate für sich zu erzielen – als Oprah eben diese Frau aus dem Publikum aufrief, auf deren Frage, wie sie sagte, „sicher viele Menschen gern eine Antwort hätten".

Die Frau stand auf und sagte:

„Mein Mann und ich, wir sind Christen, und unsere Kinder sind auch Christen. Wir bringen unseren Kindern nahe, auf Gott zu vertrauen, aber *The Secret* sagt doch eigentlich, dass wir unser Vertrauen auf uns selbst setzen sollen. Deshalb frage ich mich jetzt, ob Gott hier noch irgendwo vorkommt."

Oprah fand diese Frage gut, und ich kann das nachvollziehen. Schon als Kinder haben sicher die meisten von uns gelernt, dass Gott *die* Adresse ist, wenn wir Hilfe benötigen oder etwas wirklich Wichtiges erbitten möchten.

Ist es nicht Millionen von uns so beigebracht worden? In jeder Kultur, in jeder Religion – wenn jemand überhaupt an so etwas wie das Göttliche glaubt, besteht die Rolle der Gottheit dann nicht vor allem darin, Ursprung aller guten Gaben zu sein?

Aber was ist mit dieser überaus kühnen Behauptung, die wir in manchen Lehren und Schriften finden und die besagt: Wenn du ein Wunder brauchst oder dir bessere Gesundheit oder mehr Geld wünschst oder dich nach dem perfekten Lebensgefährten verzehrst oder die richtige Betätigung für deinen Lebensunterhalt suchst oder einfach ein besseres Leben möchtest, brauchst du nur die in dir selbst liegende Kraft anzuwenden und „dein Wort auszusprechen", und alles, was du dir wünschst, wird dein sein.

Wo also hat Gott seinen Platz in all dem? Wenn es stimmt, was wir bereits gesagt haben, dass wir Gott nicht „brauchen", weil er immer bei uns ist, wo bringen wir Gott dann noch unter? Welche Rolle spielt Gott im Prozess der persönlichen Schöpfung?

7

Teufelswerk oder Gotteswerk?

Persönliche Schöpfung mindert die Bedeutung Gottes für unser Leben nicht etwa, sondern vergrößert sie, aber um das zu verstehen, müssen wir uns erst einmal den Mechanismus der Manifestation sehr genau vor Augen führen. Wir brauchen eine wirklich tragkräftige Erklärung dieses Mechanismus und der Prinzipien, die in ihm walten.

Der persönliche Schöpfungsprozess besteht eigentlich aus drei ineinandergreifenden und zusammenwirkenden Phänomenen. Das erste dieser drei hat mit Gott zu tun, das zweite mit Ihnen und das dritte mit Ihnen und Gott zusammen.

Wir könnten auch sagen: Der erste Teil der „Geheimformel des Lebens" ist das *Ich Bin*, der zweite Teil ist das *Du Bist* und der dritte Teil ist das *Wie*.

Und das Prinzip der „Anziehung" wird als „Geheimnis" (*secret*) bezeichnet, weil die meisten Menschen alle drei Aspekte nicht wirklich verstehen.

Manche sagen, sie hätten das Prinzip anzuwenden versucht, es aber als wirkungslos empfunden und seien deshalb enttäuscht und entmutigt. Das liegt, wie ich glaube, daran, dass sie nur mit einem Teil des Ganzen arbeiten.

Andere wollen, wie vollständig oder unvollständig ihr Verständnis auch sein mag, es gar nicht erst mit Anziehung oder persönlicher Schöpfung zu tun haben, weil dergleichen „böse" sein könnte. Teufelswerk, das unser Ego mit Machtgedanken umgarnt und uns von unserem Gottvertrauen weglockt.

Religiöse Menschen im traditionellen Sinne sind nicht die Einzigen, die hier zurückscheuen könnten. Es sind auch viele andere von dieser Reaktion betroffen, die einfach ein auf Gott ausgerichtetes Leben führen möchten und sich in eine persönliche Beziehung zum Göttlichen eingebunden sehen, sei es im Rahmen einer traditionellen Religion oder außerhalb. Längst nicht allen diesen Menschen behagt der Gedanke, dass sie selbst – und sie allein – ihre eigene Wirklichkeit erschaffen.

Und natürlich gibt es auch nichtreligiöse Rationalisten, die alles als irrational und daher zur Selbsttäuschung führend ansehen, was sich nicht anhand klarer Belege demonstrieren und mit logischen Vernunftgründen erklären lässt.

Tatsächlich ist an der persönlichen Schöpfung überhaupt nichts böse oder irrational. Aber wie gesagt, vieles ist hier noch nicht ausreichend erklärt worden.

Bis jetzt.

8

Ein Werkzeug mit zwei Griffen

Da immer mehr Menschen überall auf der Welt mit der Möglichkeit experimentieren, dass es in ihrer eigenen Macht liegt, sich all das gezielt zu erschaffen, was sie möchten, könnte ich mir vorstellen, dass es für alle sehr nützlich ist, einmal tief durchzuatmen und genauer zu betrachten,

1. *Weshalb* persönliche Schöpfung funktioniert.

2. *Wofür* sie – außer für mehr Geld, größere Häuser, neue Autos und noch dickere Klunker am Ohr – zu gebrauchen ist.

3. *Wie* persönliche Schöpfung mit Schmerz und Leid in der Welt zu vereinbaren ist und wie sie vielleicht zu deren Linderung beitragen kann.

Wir reden hier über Kraft, nicht wahr, über jede Menge Kraft. Und über diese Kraft ist auch schon so viel geschrieben worden, dass ich mich bei den Vorüberlegungen zu diesem Buch fragen musste, ob es wirklich noch etwas bringen würde. Hat irgendwer etwas davon?

Eigentlich wollte ich das Projekt schon fallen lassen, als ich bei einer Internetbuchhandlung auf eine Leserkritik zum Thema „Positives Denken und persönliche Schöpfung" stieß. Darin hieß es unter anderem:

Ich beschäftige mich seit vielen Jahren mit der Kraft des Geistes ... und finde den Aspekt des Reichwerdens ziemlich abstoßend ... dass wir uns nur auf das neue Auto oder mehr Geld oder ein größeres Haus konzentrieren müssen, und schon kommt das alles. Über Dankbarkeit habe ich am meisten durch die Erkenntnis gelernt, dass ich schon genug besitze.

Ich finde, wir sollten unsere positiven Gedanken lieber nutzen, um Sinn in dem Dasein zu finden, das wir bereits haben, und um unser spirituelles Leben tiefer und reicher zu machen. Positive Gedanken und der Glaube, dass uns Liebe und Fülle zustehen, stimmen uns zweifellos darauf ein, mehr davon zu bekommen, aber wir haben es hier nicht mit Zaubersprüchen zu tun und ganz sicher nicht mit einem Geheimnis ...

Positives Denken macht es uns leichter, das Gelingen für möglich zu halten, es lässt uns für neue Chancen aufgeschlossen sein, aber es sorgt nicht auf magische Weise für die Begleichung unserer Rechnungen.

Aber das bei Weitem Anstößigste an dieser Botschaft ist für mich die Unterstellung, dass wir alles, was wir an Schmerzen erfahren, durch unsere Gedanken auf uns ziehen. Vergewaltigungsopfer in Darfur haben bestimmt nicht um dergleichen ersucht. Missbrauchte Kinder haben so etwas nicht gewollt. Zu behaupten, hungernde Afrikaner haben so etwas durch „fehlerhaftes Denken" selbst auf sich gezogen, macht mich ganz krank ...

Es verblüffte mich, dass ich genau in dem Moment auf diese Worte stieß, als ich drauf und dran war, den Plan zu diesem Buch aufzugeben. Es war, als würde mich das Universum geradezu anschreien: *Wende dich nicht von dem Buch ab!* Mir wurde klar, dass viel zu viele Missverständnisse, Fehldeutungen und falsche Vorstellungen vom wichtigsten und großartigsten Aspekt menschlichen Lebens bestehen bleiben würden, wenn ich das Projekt aufgäbe.

Manche sagen, die heutigen Lehren über persönliche Schöpfung hätten etwas ganz Wunderbares aus einer heiligen Schatztruhe gezerrt und in eine Schaufensterauslage gelegt. Wenn „Anziehung" und „Manifestation" als Mittel der persönlichen Bereicherung und der Befriedigung persönlicher Wünsche propagiert werden, so diese Stimmen, mag es den Menschen wohl materiellen Wohlstand bringen, aber sie werden möglicherweise in spiritueller Armut leben.

Ich weiß zwar, dass die meisten heutigen Lehrer der persönlichen Schöpfung sehr wohl einen spirituellen Ansatz haben, aber ich denke, es ist trotzdem überaus notwendig, diese Kritik ernst zu nehmen und nicht einfach als unbegründet beiseitezulegen.

Ich finde, unsere Gespräche über den Prozess der persönlichen Schöpfung könnten schon noch substanzieller werden, um all denen, die davon hören, ein umfassenderes und tieferes Verständnis zu ermöglichen.

Ich würde gern dies als Substanz hinzufügen: Persönliche Schöpfung (und die Energie der Anziehung, die hier eine so bedeutende Rolle spielt) ist ein Produkt der göttlichen Liebe.

Persönliche Schöpfung ist ein Ausdruck der Kraft des Lebens, weiteres Leben zu schaffen. Kurz und gut, es geht hier um Kraft. Um die Kraft, Ihr Leben zu ändern.

„Anziehung" ist das Geschenk einer wohlwollenden und barmherzigen Gottheit. Sie ist ein Werkzeug mit zwei Griffen – einer in Gottes Hand, der andere in unserer.

Dieses Werkzeug befindet sich eben jetzt in Ihrer Hand. Und was Sie hier und jetzt über diese Worte denken, wird sie kraftvoll oder kraftlos machen, wird *Ihnen* Kraft geben oder vorenthalten.

Was Sie über diesen Absatz denken, macht Ihren Erfahrungswert darüber aus. Wenn Sie meinen, das sei alles Unsinn, dann *wird* es in Ihrer Realität so sein. Und wenn Sie meinen, dies sei zutreffend, dann *wird* es das für Sie sein. Es ist wirklich so einfach.

Mit Ihren Gedanken über alles andere in diesem Buch und die Energie der Anziehung ist es nicht anders. Dieses Prinzip ist wesentlicher Bestandteil der persönlichen Schöpfung – eine Macht, die ausgeübt werden will, die darauf wartet, bewusst und nicht (wie es jetzt beim größten Teil der Menschheit ist) unbewusst angewendet zu werden. Und wie für alle anderen Werkzeuge, so gilt auch für dieses, dass es dann am nützlichsten ist, wenn es für den Zweck gebraucht wird, für den es gedacht war.

Ich wünsche mir, dass Sie die ganze Tragweite dessen, was gerade gesagt wurde, erfassen.

Ich habe gesagt, dass „Anziehung" ein Werkzeug ist. Und dieses Werkzeug ist von Gott erschaffen und uns gegeben worden, damit wir es *zusammen* mit Gott benutzen.

Außerdem habe ich gesagt, dass es dann am nützlichsten ist, wenn es für den Zweck verwendet wird, für den es gedacht war. (Darin liegt übrigens ein weiterer Grund dafür, dass viele, die sich an der persönlichen Schöpfung versucht haben, zu dem enttäuschenden und entmutigenden Schluss kamen, dass sie nicht funktioniert. Sie haben das Werkzeug der „Anziehung" nicht für den Zweck verwendet, für den es da ist.)

Und worin besteht nun dieser Zweck?

Das Werkzeug der „Anziehung" ist dazu da, um jedem Menschen, mit dem Sie in Berührung kommen, ein Leben in Glück, Frieden und Freude zu erschaffen – und schließlich auch Ihnen selbst.

Bitte beachten Sie die letzten Worte und insbesondere die Reihenfolge. Sie wird alles auf den Kopf stellen, was Sie über den Prozess der persönlichen Schöpfung und die „Geheimformel", nach der das Leben läuft, verstanden zu haben glauben.

9

Die großen Prinzipien des Lebens

Die Fähigkeit, Ihre Wirklichkeit zu erschaffen, ist ein Ausdruck des Göttlichen. Deshalb ist sie stets und ständig wirksam. Sie kann gar nicht anders, als in Aktion zu sein. Sie ist ein Grundprinzip des Universums. Sie ist die Natur der Dinge.

Ich sagte eben, dass „Anziehung" ein Werkzeug ist, das am besten funktioniert, wenn es für den Zweck verwendet wird, für den es gedacht war. Ausgesprochen heißt das ja, dass es höchstwahrscheinlich am ehesten zum gewünschten Ergebnis führt, wenn es so benutzt wird, wie es gedacht war. Es wird jedoch immer *irgendetwas* herbeiführen, weil es *ständig* benutzt wird, ob es der Benutzer weiß oder nicht.

Das also ist Gottes großes Geschenk: pausenlos Energie. Immer auf „Dauerbetrieb".

Wir sprechen hier über einen systemischen Kausalzusammenhang, der niemals aussetzt.

Gott ist diese Kausalität. Gott ist dieses System. Das meint Gott, wenn er uns sagt: „Ich bin immer bei dir bis ans Ende aller Zeiten."

Das ist eine Sache, die nicht viele verstehen und die nicht oft erklärt wird. Sie wird so gut wie nie im Zusammenhang mit dem Thema der persönlichen Schöpfung erklärt.

Wir müssen uns jetzt den Zusammenhang ansehen, in dem diese „Anziehung" steht.

Die Energie der Anziehung gehört zu einem umfassenderen Ursache-Wirkung-System des Universums.

Wenn wir über „Anziehung" sprechen, als wäre sie in sich selbst ein Gesetz, dann ist das ungefähr so, als würden wir über Schwerkraft sprechen, aber den physikalischen Teil weglassen, der erklärt, was Schwerkraft macht und warum. Da fällt etwas hin. Na und ...?

Betrachten wir die großen Prinzipien des Lebens also einmal tiefgehender.

Die großen Prinzipien, nach denen das Leben seinen Lauf nimmt, sind:

1. *Die Energie der Anziehung,* die Sie als Kraft nutzen können.

2. *Das Gesetz der Gegensätze,* das Ihnen Chancen erschließt.

3. Das Geschenk der Weisheit, durch das Sie Unterscheidungsvermögen besitzen.

4. Die Freude des Staunens, die Ihre Fantasie beflügelt.

5. Zyklische Verläufe, die Ihnen Ewigkeit sichern.

In dieses umfassende System ist der Prozess der persönlichen Schöpfung eingebettet. Sie können beides zusammen, das System und den Prozess, Gott nennen.

Das ist für viele ein neuer Gedanke. Lassen Sie sich einmal darauf ein, nur für den Moment. Kann es sein, dass Gott letzten Endes ein Prozess ist? Und könnte es sein, dass es sich bei diesem Prozess um die Erfahrung namens Leben handelt? Ist also der Prozess der persönlichen Schöpfung einfach das Leben, wie es sich natürlicherweise abspielt?

Das Leben, so hat es sich für mich herausgestellt, ist Gott. Es ist Gott, wie Gott jetzt ist und wie Gott als Nächstes sein wird. Es handelt sich um ein komplexes, ein staunenswertes System, in dem ein Prozess am Werk ist, der eine Ausdrucksform namens Leben hervorbringt.

Dieses System ist ein Kreislauf. Stellen Sie sich diesen Kreislauf innerlich vor: Der Prozess des Lebens bringt die Ausdrucksformen des Lebens hervor, die Ausdrucksformen erzeugen die Lebenserfahrung, und was im Leben erfahren wird, geht in den Prozess des Lebens ein. Eins führt zum Nächsten und wieder zum Nächsten, bis sich der Kreis schließt – ein nie endender Kreislauf. Alles ist eins.

Das erschaffene Leben ist der Prozess, das erscheinende Leben ist der Ausdruck, und die Wirkung des Lebens auf uns ist die Erfahrung. Wie sich das Leben auf uns auswirkt, entscheiden wir selbst, und das ist es, was die meisten Menschen nicht verstehen.

Der ewige Kreislauf von Prozess, Ausdruck und Erfahrung *ist* das Göttliche. Es ist Gott in Aktion, Gottes Gottsein.

So manifestiert sich das Vorhandensein von Zyklen. Alle Dinge unterliegen diesem zyklischen Charakter der Realität. Alles *existiert* in Zyklen. Alle Dinge haben ihr Sein in diesem System, und es gibt nichts außerhalb dieses Systems.

Anziehung und alle anderen großen Prinzipien des Lebens sind Bestandteile des Systems. Durch bewusste Anwendung der Prinzipien, auf denen der Prozess der persönlichen Schöpfung ruht, entsteht ein Ausdruck des Lebens, der in die Erfahrung des Göttlichen mündet.

Können Sie mir folgen? Bleiben Sie ganz nah dran, gehen Sie jeden Schritt mit. Lesen Sie notfalls einen

Satz noch einmal, aber verfolgen Sie den Gedankengang genau.

Gut: Wie die Physik für die physischen Aspekte und Elemente unseres Lebens zuständig ist, so beschreibt die Metaphysik die mehr-als-physischen Aspekte und Elemente unseres Lebens.

Anziehung gehört zu dieser metaphysischen Seite. Wir könnten von einem Energiemagneten sprechen, der alles anzieht, was ihm ähnlich ist. Er funktioniert bedingungslos nach dem Prinzip: Gleiches zieht Gleiches an.

Und diesen Energiemagneten, diese göttliche Kraft, benutzen wir im Prozess der persönlichen Schöpfung – und zwar ständig, ob wir es wissen oder nicht, ob wir es zur Kenntnis nehmen oder nicht.

Wenn wir also künftig darüber sprechen, inwiefern es in unserer Macht liegt, unsere Wirklichkeit zu gestalten, brauchen wir nicht mehr zu fragen: „Wo ist Gott in alledem?"

Jetzt wissen wir es.

10

Bewusste oder unbewusste Wahl

Eben *weil* nie abgeschaltet wird und die Kraft, die Gott uns gegeben hat, immer in Betrieb ist, sieht es manchmal so aus, als würde persönliche Schöpfung nicht funktionieren.

Ich will das lieber noch einmal sagen, damit es ganz klar ist: Persönliche Schöpfung funktioniert *immer*.

Ich habe bereits erwähnt, dass manche von denen, die es mit der persönlichen Schöpfung versuchen, zu dem Schluss gelangen, dass sie wirkungslos bleibt. Aber persönliche Schöpfung ist *niemals* wirkungslos, nur bringt sie gerade wegen ihrer hohen Effektivität nicht immer genau das Ergebnis, was wir uns gewünscht haben.

Es ist nämlich so, dass die Anziehungskraft sich nicht nur auf das auswirkt, was wir uns wünschen, sondern auch auf alles, was wir fürchten; nicht nur auf das, was wir anziehen möchten, sondern auch auf das, was wir gern wegschieben würden; und nicht nur auf das, was wir bewusst anstreben, sondern auch auf das, was wir unbewusst auswählen.

„Im Feld der unendlichen Möglichkeiten etwas auszuwählen", wie es mein Freund Deepak Chopra ausdrückt, kann eine ziemlich heikle Angelegenheit sein. Entscheidend ist hier nämlich, worauf wir ausgerichtet sind, sei es erwünscht oder nicht, bewusst oder nicht.

Wenn Sie beispielsweise im Sinn haben, Ihr Einkommen innerhalb des nächsten Jahres zu verdoppeln, dann aber irgendwann später, in der nächsten Stunde oder am nächsten Tag, denken, dass es so gut wie unmöglich sein dürfte – wenn Sie sich also sagen: „Jetzt komm, sei ein bisschen realistisch und setzt dir ein *erreichbares* Ziel" –, ja, dann haben Sie letztlich den zweiten Gedanken gewählt, ob Sie es nun ursprünglich so wollten oder nicht, weil die Kraft *immer* in Betrieb ist. Kurz, persönliche Schöpfung funktioniert immer.

Sie wirkt aber nicht nur für die Umsetzung Ihres letzten Gedankens, sondern setzt all das um, worauf Sie sich besonders häufig und mit hohem emotionalem Engagement konzentrieren.

Deshalb sehen manche, die den Prozess anwenden, um etwas zu bekommen, was sie unbedingt haben wollen, überhaupt nichts anderes als Misserfolg. Dann sagen sie: „Siehst du, es funktioniert nicht."

Tatsächlich funktioniert es perfekt. Wenn Sie etwas ganz unbedingt haben wollen und sich immer wieder sagen: „Ich will das haben", dann geben Sie dem Universum zu verstehen, dass Sie es eben *nicht* haben.

(Es sei denn, Sie hätten ganz entspannt einen Wunsch. Es gibt da etwas, das Sie ganz gern hätten. In vielen Fällen ist es aber so, dass der Wunsch ein Gefühl von *Mangel* impliziert, und an diesem Gefühl setzt die Kraft an.)

Solange Ihr Wunsch diese Energie und Ausrichtung hat, kann er sich nicht erfüllen. Beides zusammen – etwas haben zu wollen und zugleich auf sein Nichtvorhandensein ausgerichtet zu sein – führt zu nichts.

So kann es sein, dass der Satz „Ich möchte mehr Geld" kein Geld anzieht, sondern es eher fernhält. Das Vokabular des Universums besteht nämlich aus einem einzigen Wort: „Ja." Es hört Ihnen sehr genau zu, und es hört vor allem das, was Sie *fühlen*.

In *Gespräche mit Gott* heißt es: „Das Fühlen ist die Sprache der Seele." Wenn Sie immer nur sagen: „Ich möchte mehr Geld", und das Universum ihre Gefühle dazu wahrnimmt, wird es vor allem ein Gefühl von Mangel wahrnehmen und danach seine Reaktion abstimmen: Es bestätigt Ihren Mangel.

Wir sprechen hier von Kraft, Magnetkraft. Gefühle, Sie erinnern sich, sind Energie, und in der Welt der

Energie wird Gleiches von Gleichem angezogen. Also wird das Universum „Ja" sagen, wenn Sie auch weiterhin mehr Geld möchten.

Wenn Sie denken: „Ich möchte mehr Liebe in meinem Leben", sagt das Universum dazu „Ja", und es wird dabei bleiben, dass Sie mehr Liebe in Ihrem Leben haben möchten.

Bei der Nutzung der Anziehungskraft ist das Wort „ich" der Zündschlüssel für die persönliche Schöpfung. Was diesem „Ich" folgt, dreht den Schlüssel und startet den Motor der Manifestation.

Wenn es so aussieht, als würde die persönliche Schöpfung nicht funktionieren, dann hat die Anziehungskraft Ihnen einfach das gebracht, was Sie *unabsichtlich* ausgewählt haben, und nicht das, was Sie gewählt zu haben glauben.

Wenn die Kraft nicht *immer* eingeschaltet wäre, müssten Sie nur einen Augenblick erwischen, in dem sie in Betrieb ist, und einen ganz positiven Gedanken fassen, und schon würde das Gewünschte sich für Sie verwirklichen. Aber sie ist eben immer eingeschaltet und reagiert auf das, was Sie am tiefsten und am häufigsten empfinden. Ein einziger positiver Gedanke in einem Strudel nicht ganz so positiver Gedanken und Projektionen wird also vermutlich nicht zum erhofften Resultat führen.

Bleiben Sie deshalb positiv, selbst wenn alles noch so negativ aussieht, das ist der Trick. Seien Sie sich bewusst, dass der Prozess funktioniert, selbst wenn es nicht so aussieht. Ich will Ihnen jetzt etwas an die Hand geben, womit Sie das erreichen können. Es ist eine unglaubliche Technik. Sie funktioniert immer.

11

Das Wunder, das Ihr Leben verändern wird

Es ist gar nicht so schwierig, positiv zu bleiben, selbst wenn Sie von lauter „Negativem" umgeben sind, wie andere das vielleicht nennen würden. Hören Sie einfach auf, die Dinge zu beurteilen; urteilen Sie nicht nach dem Anschein.

Wenn das gelingt, haben Sie Ihr ganzes Leben verändert. Es ist wirklich keine Kleinigkeit. Es bedeutet eine grundsätzliche Änderung Ihrer Haltung und Ihres Verhaltens. Es ist ein Wunder.

Aber wie bewirkt man dieses Wunder? Das ist die Frage, auf die jeder gern eine Antwort hätte. Passen Sie also bitte gut auf, was ich Ihnen jetzt sagen werde: Das Urteilen hört auf, sobald Sie mit dem Dankbarsein anfangen.

Wir haben hier eine Schlussfolgerung von so ungeheurer Tragweite, dass wirklich Ihr ganzes Haus und überhaupt alles in der Welt damit bepflastert sein sollte. Eine Haftnotiz am Badezimmerspiegel, eine am Kühlschrank, eine am Rückspiegel im Wagen, eine über dem Computerbildschirm. Sie können es sich aufs linke Handgelenk tätowieren oder zumindest in ein Armband gravieren lassen.

Dankbarkeit ist das Ende des Urteilens.

Es bedeutet, dankbar zu sein und zu bleiben, egal was passiert. Sie sagen grundsätzlich: „Danke, Gott", auch für alles, was Sie ganz bestimmt nicht bewusst gewählt haben und wirklich nicht wollen.

Jemand hat einmal gesagt: „Glück liegt nicht darin, dass du bekommst, was du möchtest, sondern darin, dass du möchtest, was du bekommst." Dieser jemand hatte zutiefst Recht.

Dankbarkeit ist die Wunderheilung für jeden Augenblick des Unwohlseins. Schneller als mit Dankbarkeit können Sie Ängste und Enttäuschungen nicht loswerden oder Negatives in Positives verwandeln. Dankbarkeit ist der kürzeste und schnellste Weg aus der Sackgasse zurück auf *den* Weg. Sie ist die Energie der Verbundenheit mit Gott.

Probieren Sie es bei nächster Gelegenheit aus:

Wenn Sie mit irgendeiner unerfreulichen Entwicklung, Auswirkung oder Erfahrung konfrontiert sind, halten Sie einfach inne. Was auch gerade vorgehen mag, halten Sie inne. Einfach ...

... *Stopp.*

Schließen Sie kurz die Augen, und sagen Sie innerlich: „Danke, Gott."

Atmen Sie einmal tief und intensiv durch und sagen Sie es noch einmal.

„Danke für dieses Geschenk und das Kostbare, das es für mich bereithält."

Und seien Sie sicher, es enthält wirklich etwas Kostbares, auch wenn Sie es nicht gleich erkennen. Das Leben wird es Ihnen beweisen, wenn Sie ihm eine Chance geben.

Wenn Dankbarkeit an die Stelle des Urteilens tritt, breitet sich Frieden in Ihrem Körper aus, Milde umfängt Ihre Seele, und Ihr Geist ist von Weisheit erfüllt. Seien Sie dankbar, wo Sie sonst urteilen würden, und Ihr ganzes Leben wird sich innerhalb von fünf Sekunden zum Besseren wenden.

In fünf Sekunden.

Und zwar deshalb, weil Einstellung alles ist. Einstellung nimmt die Kurskorrektur vor, wenn Sie vom Weg abgekommen sind. Einstellung ist wie eine geistige Landkarte oder wie GPS fürs Gehirn.

Eine negative Einstellung schickt Sie auf den Weg zu Unglücklichsein und Traurigkeit. Es ist unvermeidbar und unausweichlich, worin auch immer das Problem bestehen mag. Eine positive Haltung dagegen führt Sie zurück auf den Weg zu innerem Frieden, Freude und Wohlbefinden. Auch das ist unweigerlich so und wird auf jeden Fall geschehen, worin auch immer das Problem bestehen mag.

Aber wie kann man Dankbarkeit empfinden, wenn die Bedingungen und Begleitumstände wirklich ganz verheerend oder sogar lebensbedrohlich sind?

Durch das Bewusstsein, dass Ihnen jeder Augenblick die einzigartige Chance bietet, das Göttliche in sich zu bekräftigen, zu erleben und zum Ausdruck zu bringen.

Und das geht aus der Feststellung, dass es so etwas wie Anziehungskraft gibt, allein noch nicht hervor. Es genügt nicht, diese Tatsache zu konstatieren, sie muss auch erklärt werden.

12

Warum das Leben gegensätzlich wird

Die unbeabsichtigte Auswahl ist nur einer der weniger bekannten Aspekte der persönlichen Schöpfung, die bei manchen den Eindruck erzeugen, dass diese nicht funktioniert. Daneben gibt es das Gesetz der Gegensätze, das noch weniger bekannt ist, aber die gleiche Wirkung erzielt, nur aus anderen Gründen.

Das Gesetz der Gegensätze ist das Zweite der fünf großen Prinzipien des Lebens und wirkt in perfektem Zusammenspiel mit der Energie der Anziehung. Es besagt, dass Sie nichts in Ihre Realität rufen können, ohne dass auch das genaue Gegenteil auftritt – und zwar zuerst.

Was soll das nun schon wieder heißen?

Es heißt: Sobald Sie auf etwas aus sind – ein Ergebnis, eine Sache, eine Erfahrung –, wird sich auch das genaue Gegenteil irgendwie in Ihrem Leben bemerkbar machen. Es kann sich auf einem ganz anderen Gebiet zeigen oder Ihnen geradezu ins Auge springen, aber es wird mit absoluter Sicherheit da sein.

Das Gegenteil dessen, was Sie mithilfe der Anziehungskraft erschaffen wollen, *muss* auftreten, weil nichts in einem Vakuum existieren kann. Für das, was Sie herbeiführen wollen, muss immer erst ein Zusammenhang oder Umfeld hergestellt werden.

Viele wissen das nicht und verlieren den Mut in dem Augenblick, in dem das Universum gerade dabei ist, ihnen alles bereitzustellen, was sie sich wünschen.

Diese Menschen können das Auftauchen des Gegenteils nicht als sicheres Zeichen dafür erkennen, dass sie auf dem richtigen Weg sind und das Gewünschte nicht mehr fern ist. Sie sehen es vielmehr als Hindernis, als etwas, das ihnen den Weg versperrt.

Sie erleben sich selbst vor einer massiven Wand stehend und nehmen die Tür darin nicht wahr. Nur eine genaue Urteilskraft würden sie erkennen lassen, worin der Unterschied liegt. Hier kommt die Gabe der Weisheit ins Spiel (von der gleich noch die Rede sein wird).

Das Gesetz der Gegensätze beruht auf dem grundlegenden Prinzip des Lebens: „Ohne das, was du nicht bist, kannst du nicht sein, was du bist."

Ja, ich weiß, das ist kein Satz, den man sofort versteht. Ich versuch ihn zu erklären. Sagen wir, um es anschaulich zu machen, dass Sie sich als „das Licht" erfahren möchten. (Das ist übrigens bei vielen Menschen tatsächlich so. Sie möchten Licht sein und überallhin Licht bringen.)

Stellen wir uns nun vor, dass um Sie herum nichts weiter als Licht ist, dass gar nichts anderes als Licht *existiert*. Wie wollten Sie sich da als Licht erfahren? Es geht nicht. Sie können wissen, dass Sie Licht sind, aber es ist unmöglich, sich als Licht zu erfahren, wenn nichts anderes als Licht existiert.

(Es besteht ein Unterschied zwischen Wissen und Erfahrung. Und es ist das ganze Verlangen der Seele, sich als das zu *erfahren*, als was sie sich *weiß*.)

Es gibt nur eine Art, sich als Licht zu erfahren, nämlich im Dunklen. Aber wir waren ja zur Veranschaulichung davon ausgegangen, dass nichts anderes als Licht existiert. Folglich müssen Sie zuerst Dunkelheit erzeugen. Sie müssen sie hervorrufen, und das werden Sie auch.

Das also ist das Gesetz der Gegensätze, und es eröffnet Ihnen Chancen. Wenn Sie Gegensätze allerdings nicht als Chance, sondern lediglich als Widerspruch sehen, werden Sie keine Kraft daraus schöpfen können, sondern nur fühlen, dass Ihnen Kraft genommen wird, dass Sie machtlos sind. Sie werden anfangen, negativ zu denken, und nicht wissen, dass Sie selbst die Anziehungskraft so verwenden, dass sie Ihnen Dunkles *und* Lichtes (oder eben Unerwünschtes *und* Erwünschtes) bescheren muss, denn nur so kommen Sie zur vollkommenen Verwirklichung dessen, was Sie anstreben.

Gegensätze besitzen ihre ganz eigene Kraft, und die Anziehung bedient sich all der vielfältig miteinander verflochtenen großen Lebensprinzipien. Diese Prinzipien wirken wie ein präzis abgestimmtes Uhrwerk zusammen und bilden einen perfekten Mechanismus – den Mechanismus der Manifestation.

Was können wir also tun, wenn das Gesetz der Gegensätze unsere persönliche Schöpfung nicht zu fördern, sondern zu durchkreuzen scheint?

Einfach genau verstehen, was vorgeht.

Bemühen Sie sich, das Auftauchen von Gegensätzen, von „Widerspruch", als das erste Anzeichen dafür zu sehen, dass die persönliche Schöpfung wunderbar funktioniert. Seien Sie sich dessen immer bewusst: Der erste Schritt irgendeiner Schöpfung besteht immer in der Schaffung eines Zusammenhangs oder Umfelds, in dem die Schöpfung erfahren werden kann. Stemmen Sie sich nicht gegen das Gegenteil dessen, was Sie hervorbringen wollen. Bejahen Sie es.

Betrachten Sie es, um es als das zu erkennen, was es ist.

Wenn Sie sich gegen etwas stemmen, sorgen Sie dafür, dass es bestehen bleibt. Ihre ablehnende Aufmerksamkeit verweilt bei dieser Sache, und Sie erhalten sie dadurch aufrecht. Gegen etwas, was nicht da ist, können Sie sich nicht stemmen. Aber wenn Sie einer Sache Widerstand leisten, platzieren Sie sie immer wieder neu vor sich. Sie leiten ihr eine Energie des Ärgers und der Frustration zu und machen sie dadurch nur noch lebendiger.

Deshalb sagen alle großen Meister in ihren jeweils eigenen Worten: „Widersteht nicht dem Bösen." Kämpfen Sie also nicht gegen das an, was im Widerspruch zu Ihrem bewussten Wunsch oder Resultat steht. Entspannen Sie sich lieber diesbezüglich.

Das klingt vielleicht seltsam, aber ich kann Ihnen versprechen, dass es funktioniert. Lassen Sie die Anspannung der Kampfbereitschaft gar nicht erst aufkommen. Opponieren Sie nie gegen das, was Ihnen Opposition bietet. *Opponieren* Sie nicht, *komponieren* Sie.

Haben Sie das verstanden? Vergessen Sie diese kleine Regel nie:

Nicht opponieren, sondern komponieren.

Komponieren Sie Ihr ganz eigenes Bild des Lebens, wie es Ihnen begegnen soll. Und sehen Sie zu, dass Sie dabei ganz gelassen bleiben. Lassen Sie sich von der entspannten Zuversicht leiten, dass das Leben seinen bestmöglichen Lauf nimmt. Aber entspannt zu sein, heißt nicht, dass Sie alles so hinnehmen sollen, wie es ist.

„Widersteht nicht dem Bösen" – damit ist nicht gesagt, dass Sie nicht versuchen sollen, etwas zu ändern, was Sie anders haben möchten. Etwas ändern zu wollen, heißt ja nicht, dass Sie sich dagegenstemmen; Sie möchten nur einfach etwas anderes. Veränderung ist nicht Widerstand, sondern Wandel. Wandel ist nicht Widerstand, sondern ein weiterer Schritt zur Fortführung der persönlichen Schöpfung.

Wandel ist Schöpfung, Widerstand bringt alles Schöpferische zum Stillstand, weil er am vorigen Stand der Schöpfung festhält.

In jeder schwierigen Lage und bei jeder Herausforderung haben Sie demnach die Wahl: Opposition oder Komposition. Sie können entweder gegen das opponieren, womit Sie gerade konfrontiert sind, oder das komponieren, was Sie möchten.

Komponieren Sie das, was Sie möchten.

Das Gesetz der Gegensätze sorgt für einen Zusammenhang, in dem Sie es erfahren können. Und das Universum könnte Ihnen kaum ein größeres Geschenk machen.

Es handelt sich hier um einen ganz wichtigen Aspekt der „Geheimformel", von dem selten die Rede ist.

Und es kommt noch mehr.

13

Der Weg aus der Negativitätsfalle

Die Energie der Anziehung wird vom Gesetz der Gegensätze beeinflusst, und das Geschenk der Weisheit kann dem noch Unterscheidungsvermögen hinzufügen.

Dieses Prinzip besagt Folgendes: „Alle Weisheit liegt in dir. Du bist nicht von einem erbarmungslosen Gott auf der Erde abgesetzt worden, der dir nicht einmal die Weisheit mitgab, dich in dieser Umgebung zurechtzufinden. Ganz im Gegenteil, du bist in diese Welt gestellt worden, um das zu erreichen, wofür du herkamst und was überhaupt der Sinn und Zweck des Lebens ist. Und die Weisheit, mit der du diesen Zweck erfassen und erreichen kannst, wurde dir mitgegeben."

Greifen Sie immer dann auf diese Weisheit zurück, wenn Sie das Gefühl haben, ihren Rat zu brauchen. Sie wird da sein.

Die Menschen und alle Lebewesen wurden mit Weisheit ausgestattet. Durch das Geschenk der Weisheit besitzen Sie Unterscheidungsvermögen und Urteilskraft. Sie erlaubt Ihnen, zu erkennen, dass Sie jede einzelne Ihrer negativen Erfahrung *selbst* herbeiführen, um einen Zusammenhang oder Kontext herzustellen, in dem Sie das erfahren können, was Sie bewusst gewählt haben.

Diese „Arbeit" wird häufig auf einer unter- oder überbewussten Ebene getan. Es ist Ihnen also vielleicht gar nicht bewusst, dass sie geschieht. Durch das Geschenk der Weisheit können Sie dieses Bewusstsein bekommen, aus dem Dunst des Nichtwissens auftauchen, sich in voller Klarheit im Kontextfeld des Lebens ringsum bewegen. In diesem Kontextfeld rufen Sie die Anziehungskraft auf den Plan, indem Sie sich beharrlich auf genau das ausrichten, was Sie jetzt möchten, und alle hinderlichen Umstände ebenfalls als Ihre Schöpfung betrachten, die Chancen erschließt, aber keinen Widerspruch erzeugt.

„Urteile nicht nach dem Anschein", sagen die Meister. Jetzt wissen Sie, was sie damit meinen.

Unterscheidungsvermögen lässt Sie die Dinge sehen, wie sie tatsächlich sind, und erspart Ihnen den Rückfall in die alte Gewohnheit, überall nur Hindernisse und Negativität zu sehen.

Das Geschenk der Weisheit sagt Ihnen, dass auf dem Weg durchs Leben einfach mit dem zu rechnen ist, was manche Menschen „Misserfolg" nennen.

„Je weiter du fortschreitest, auf desto mehr Fallgruben wirst du stoßen", hören wir von Helena Petrova Blavatsky. „Der Pfad, der weiterführt, ist von einem Feuer erhellt, dem Licht des Wagemuts, das im Herzen brennt. Je mehr einer wagt, desto mehr wird er erreichen. Je mehr er fürchtet, desto blasser wird dieses Licht sein."

Der Trick besteht darin, einen Misserfolg eben nicht als Misserfolg, sondern als eine Chance zu sehen.

Joseph Sugarman hat das sehr schön in Worte gekleidet:

„Nicht viele sind bereit, nach einem Misserfolg noch einen zweiten Anlauf zu machen. Etwas ging daneben, und schon ist für sie alles gelaufen. Viele sehen sich nicht in der Lage, die bittere Pille eines Fehlschlags einfach zu verdauen. Aber wenn Sie den Misserfolg bejahen und aus ihm lernen können, wenn Sie den Misserfolg schließlich doch als Segen betrachten und sich wieder aufraffen können, haben Sie sich die Möglichkeit erschlossen, eine der stärksten Kräfte des Erfolgs für sich nutzbar zu machen."

„Jedes Problem birgt eine grandiose Chance, neben der das Problem buchstäblich verblasst. Die größten Erfolgsstorys stammen von Leuten, die ein Problem erkannten und in eine Chance verwandelten."

Das nenne ich: die Gabe der Weisheit wirklich nutzen, sich der Urteilskraft und der Verstandesschärfe öffnen, bereit sein, den Unterschied zwischen Anschein und Realität zu sehen und zu erkennen, dass scheinbar Negatives in Wahrheit positiv ist.

Wahre Weisheit erschließt uns etwas ganz Erstaunliches über das Leben in verkörperter Form: Alles Stoffliche ist Illusion.

In *Gespräche mit Gott* wird das wiederholt gesagt, und wenn es stimmt, müssen wir wissen, wie damit umzugehen ist.

Gott sagt, wir seien wie Zauberkünstler, die ihre eigenen Tricks vergessen haben. Wir leben wie Alice im Wunderland und schwören Stein und Bein, was so ist, sei nicht so, und was nicht so ist, sei so. Doch eben weil wir in einer Illusion leben, ist dieses Leben so spannend und so voller Chancen. Nur in einer Fantasiewelt können wir alles bekommen, was wir wollen, alles tun, was wir möchten, alles erschaffen, was wir uns wünschen.

Aber lassen wir Lewis Carroll selbst sprechen:

> *„Das brauche ich gar nicht erst zu versuchen",*
> *sagte Alice. „Mun kann nichts Unmögliches*
> *glauben."*

"Dann muss ich dir sagen, dass du wohl nicht viel Übung hast", sagte die Königin. "Also ich, ich glaube schon vor dem Frühstück sechs unmögliche Dinge."

Hier kommt es natürlich darauf an zu wissen, wie man *mit* und nicht *in* der Illusion lebt. Oder wie es in der Bibel heißt: „In der Welt, nicht von der Welt." (2) Der Meister, ebenso wie der Schüler auf dem Weg zur Meisterschaft, *weiß*, dass Illusion Illusion ist; er macht sich klar, weshalb sie da ist, und erschafft dann bewusst das, was er – mittels der Illusion – als Nächstes erfahren wird.

Für jede Lebenslage gibt es einen aus drei Schritten bestehenden Prozess, durch den sich jeder weiter in Richtung Meisterschaft bewegen kann. Machen Sie einfach diese drei Aussagen:

1. Nichts in dieser Welt ist real.

2. Alles hat die Bedeutung, die ich ihm gebe.

3. Ich bin das, wofür ich mich ansehe, und meine Erfahrung ist das, wofür ich sie ansehe.

So kann man mit der Illusion des Lebens umgehen.

Der erste dieser drei Schritte ist für viele der schwierigste. Er besagt ja, dass alles, was wir sehen und erleben, unwirklich ist. Nichts ist wirklich das, als was wir es sehen.

Das bedeutet nicht, dass es gar nicht da wäre; nur eben, dass es nicht *wirklich* ist. Es ist nicht wirklich das, wonach es aussieht. Es entspricht nicht unserer Annahme. (3) Die Aussage, dass nichts in der Welt real ist, gilt nämlich auch aus der Sicht der Quantenphysik. Sie ist jedoch, über die naturwissenschaftliche Betrachtung hinaus, auch eine psychologische und spirituelle Wahrheit. (4) Diese Wahrheit, wenn sie uns bewusst ist, kann sehr heilsam sein, vor allem in Notzeiten und bei großem Stress.

Wenn Sie das, was Ihnen in schwierigen Zeiten begegnet, als real ansehen, machen Sie es bezüglich den Auswirkungen auf Ihr Leben tatsächlich real. Machen Sie sich dagegen bewusst, dass es nicht real ist und Sie sich die Auswirkungen lediglich einbilden – sie besitzen keine Substanz und laufen auf nichts hinaus –, dann können Sie solche Wirkungen augenblicklich verschwinden lassen.

In *Gespräche mit Gott* heißt es, dass alles, was Sie fernhalten wollen, bleibt; und dass alles, was Sie anschauen, verschwindet – es kann dann seine illusorische Form nicht aufrechterhalten.

Wenn Sie jetzt denken, das habe ziemlich viel von der Aussage des Science-Fiction-Films *Matrix*, liegen Sie ganz richtig. Sie erinnern sich: Die Gestalten in diesem Film leben in einer vorgespiegelten Welt, die von ihren eigenen Gedanken erzeugt wird. Der Hauptakteur der Geschichte, Neo, wird zu einer Art Gott unter Menschen, weil er lernt, den Erscheinungen (zum Beispiel auf ihn abgefeuerte Geschosse) einfach nicht mehr zu glauben, sie schlicht zu leugnen.

Wenn Sie irgendetwas für Sie Unerfreulichem einfach nicht mehr in der bisherigen Weise glauben, seine Realität nicht mehr ernst nehmen, werden Sie zumindest die negativen Auswirkungen reduzieren können. (5)

Und natürlich hat es der Meisterlehrer, Jesus, in vollkommener Direktheit gesagt: „Dir geschehe, wie du geglaubt hast."

Der erste der drei Schritte besteht also darin, dass Sie an die Realität der Auswirkungen, die *irgendetwas* auf Ihr Innenleben hat, einfach nicht mehr glauben. Das gilt für das sogenannte Gute ebenso wie für das sogenannte Böse. Sie werden sich jetzt vielleicht fragen, wozu es gut sein soll, die sogenannten guten Auswirkungen zu leugnen.

Die Antwort ist: Wenn Sie Ihrer größten Freude direkt ins Gesicht blicken und sie als das erkennen, was sie ist – eine Illusion –, werden Sie einfach nicht mehr ganz so sehr an ihr hängen. Das heißt, die Freude wird Ihnen bleiben, Sie werden sie auskosten, aber sie werden dieser bestimmten Form von Lebensgenuss nicht mehr wie einer Sucht verfallen.

Und alles, was Aufruhr erzeugt, wo einmal Frieden war, was Leid erzeugt, wo Freude war, Schmerz, wo Lust war, und Kummer, wo Glück war – all das ist Sucht oder Abhängigkeit von Menschen, Orten, Dingen. (6)

Wenn wir das, was wir denken, sagen und sehen, nicht mehr für bare Münze nehmen, heißt das nicht unbedingt, dass wir es von uns weisen. Wir geben unserer Erfahrung lediglich einen neuen Kontext, in dem wir bemerken, dass alles, was wir betrachten, Illusion ist. Nur dann steht es uns frei, die Illusion entweder weitergehen oder enden zu lassen.

Solange wir das, was wir erleben, für real halten, werden wir nicht glauben, dass es in unserer Macht steht, seine Auswirkung auf uns zu verändern. Wir werden uns dem Leben machtlos ausgeliefert fühlen, ein Spielball unserer Erfahrungen.

Ist uns dagegen klar, dass alles, was wir sehen, nicht von letzter Wirklichkeit ist, gewinnen wir ein sehr wirksames und wichtiges Instrument für den Prozess der persönlichen Schöpfung.

Jetzt können wir zum zweiten Schritt übergehen. Wenn nichts von allem, was ich sehe, real ist, hat dann irgendetwas eine Bedeutung? Auch das ist eine gute und berechtigte Frage. Die Antwort lautet: Alles hat die Bedeutung, die Sie ihm geben.

Dieser zweite Schritt macht Sie wirklich zum Herrn Ihrer eigenen Erfahrung. Vielleicht haben Sie in Ihrer äußeren Realität gar nichts geändert, aber wir sind, wie gesagt, darauf aus, Ihre *Erfahrung* dieser äußeren Realität zu verändern.

An Ihnen und nur an Ihnen liegt es, was irgendetwas Ihnen bedeutet. Sie und nur Sie entscheiden, was wichtig ist und was nicht, was gut und was schlecht ist, was in Ordnung und nicht in Ordnung ist. Von Ihnen allein hängt es ab, ob Sie positiv oder negativ auf etwas reagieren, vielleicht sogar überhaupt keine Reaktion zeigen. Ihre Emotionen unterliegen ganz und gar Ihrer Kontrolle. Ihre Gefühle sind so, wie Sie sie haben möchten.

„Das stimmt nicht!", werden Sie jetzt vehement einwenden. „Ich möchte keine unguten Gefühle, ich habe sie einfach." Aber so ist es nicht, und je früher Sie das erkennen, desto eher werden Sie Ihr eigenes Leben meistern. Sie hätten keine unguten Gefühle, wenn Sie es nicht so wollten. Hier kommt es darauf an, einen tiefen Blick in den jeweiligen Augenblick zu tun, um zu sehen, warum Sie ungute Gefühle haben möchten. Die Antwort auf diese Frage wird Ihnen alles erschließen.

Um es zu wiederholen: Sie und nur Sie entscheiden, was etwas für Sie bedeutet und wie Sie darauf reagieren. Allerdings ist das eine Entscheidung, die von den meisten auf der Grundlage früherer Gefühle, Erfahrungen, Einsichten und Wünsche oder in die Zukunft gerichteter Befürchtungen, Ahnungen, Wünsche und Sehnsüchte getroffen wird.

Nichts davon hat irgendetwas mit dem zu tun, was hier und jetzt gerade vorgeht.

Im Augenblick bleiben – das ist das Entscheidende, wie Eckhart Tolle in *Jetzt! Die Kraft der Gegenwart* so wunderbar deutlich gemacht hat. Kein „Futurismus", kein „Perfektionismus" – ich habe das in meinem eigenen Leben sehr überzeugend erfahren.

Wenn ich „von gestern" bin, messe ich den aktuellen Dingen oft Bedeutungen bei, die nicht in ihnen selbst liegen, die ich vielmehr aus früheren Gedanken über solche und ähnliche Dinge beziehe und nun über die anstehenden Dinge blende. Ein Zahnarztbesuch könnte als Beispiel dienen.

Wenn ich „von morgen" bin, blende ich Zukunftsvorstellungen (und für gewöhnlich Befürchtungen) über die Ereignisse von heute. Diese Zukunftsvorstellungen werden vielleicht nie Realität (bei mir jedenfalls tun sie das selten), aber sie vermasseln einem gern die Chance, den größtmöglichen Nutzen aus der Erfahrung des Augenblicks zu ziehen.

Nur wenn ich aus meiner erinnerten Vergangenheit und vorgestellten Zukunft heraustrete, kann ich wirklich das erleben, was hier und jetzt geschieht. Und wenn ich mich von den Interpretationen von Vergangenheit oder Zukunft frei mache, kann ich dem, was gerade abläuft, jede Deutung geben, die ich möchte.

Das war die große befreiende Erkenntnis in meinem Leben. Von da an wusste ich, dass sich die Erfahrung von allem, was vorgeht, *in* mir abspielt. Ich kann mir ansehen, was vorgeht, und es steht mir frei, im Hinblick auf alle Vorgänge genau das zu sein, was ich sein *möchte*. Ich kann einverstanden sein oder eben nicht. Ich kann glücklich sein oder eben nicht. Ich kann optimistisch oder voller Befürchtungen, machtvoll oder machtlos, ganz oder unvollständig, „wie ausgelöscht" oder wie „frisch gezündet" sein.

Es liegt ganz bei mir. Alles hat die Bedeutung, die ich ihm *gebe*.

Im dritten Schritt der persönlichen Schöpfung beschließe ich, dass ich selbst bestimme, wer ich bin und wie meine Erfahrung aussieht. Das scheint sich im Kreis zu drehen, aber der Wahnsinn hat durchaus Methode.

Ich erinnere mich sehr gut an eine Frau, die sich im Laufe eines von mir geleiteten Retreats zu Wort meldete. Sie war als Kind von ihrem Onkel sexuell missbraucht worden und sprach sehr ruhig und gefasst davon. Sie erzählte auch von einer Selbsthilfegruppe für Frauen, an deren Treffen sie regelmäßig teilgenommen hatte. Auch da hatte sie ihre Erlebnisse geschildert und dann erlebt, wie die Frauen in helle Aufregung gerieten: „Über so was muss man doch rasend vor Wut sein", hatten sie zu ihr gesagt. „Wie kannst du so seelenruhig darüber sprechen?"

„Na ja", hatte sie geantwortet, „es ist lange her, und außerdem verstehe ich, warum er das getan hat. Ich habe ihm verziehen, und deshalb bin ich nicht mehr wütend."

Die Reaktion war heftig: „Nicht mehr wütend? Es kann unmöglich sein, dass du deswegen nicht mehr wütend bist. Weißt du denn nicht, was dir angetan wurde?" Sie sagten ihr, sie habe offensichtlich ihre Gefühle „sublimiert" und ihre Wut zugeschüttet und sei in Wirklichkeit viel wütender, als sie denke. Sie nannten sie sogar „eine wandelnde Zeitbombe". Nur empfand sie es eben einfach nicht so. Sie erlebte die Dinge genau so, wie sie sagte, und ließ sich einfach nicht zu den Gefühlen überreden, die sie nach Auffassung der anderen hätte haben sollen.

Dieses Beispiel für persönliche Schöpfung werde ich nie vergessen. Äußerlich gesehen unterschied sich die Erfahrung dieser Frau nicht von dem, was viele andere erlebten, die als Kinder missbraucht worden sind, aber *innerlich* sah es bei ihr erheblich anders aus. Sie ging einfach anders damit um.

Wenn mir etwas ganz Verrücktes oder Unerfreuliches passiert, frage ich mich nie: „Also, warum ist das jetzt passiert ...?" Ich frage vielmehr: „Wenn ich dem jetzt einen Grund *geben* könnte, worin würde er bestehen?"

Ich suche keinen Grund für das Geschehen, ich weise ihm einen zu. Und ich *entscheide*, was für ein Gefühl ich dazu habe – anstatt abzuwarten, welches sich denn wohl einstellen mag. Und ich entscheide sehr bewusst und als Hauptakteur über meine Reaktionen auf alles, anstatt sie nur von irgendwo als Randfigur zu beobachten.

Ich bezeichne die drei Schritte der persönlichen Schöpfung auch als „Umkehrprozess". Es ist eine Anleitung, die unser ganzes Leben zum Besseren wenden kann, wenn wir sie einmal verinnerlicht haben und anwenden.

14

Das Leben ist ein unvergleichliches Abenteuer

Wenn Sie die Gabe der Weisheit genutzt haben, um zu sehen, was Ihnen entgegensteht – nämlich nichts – und was Sie einlädt – nämlich alles –, können Sie die Freude des Wunders anwenden. Damit ist gemeint:

„Alles ist voller Wunder. Wunder ist das Wesen Gottes, die Essenz des Göttlichen und dein natürlicher Seinszustand. Tritt ein in das Wunder, das du bist, und von dort aus stell dir deine Zukunft, dein Leben, deine kollektive Wirklichkeit vor, eine noch größere Vision dessen, wer du bist, als du je gehabt hast. So breitest du das Wunder in deiner Welt aus und erreichst das, wozu du in diese Welt gekommen bist."

Die Freude des Wunders beflügelt Ihre Fantasie und lässt Sie all das entgegennehmen, was Sie durch die Energie der Anziehung und das Gesetz der Gegensätze in greifbare Nähe gebracht haben. Ihre reichhaltige Fantasie sorgt dafür, dass der kreativen Gestaltung Ihrer Erfahrung all dessen keine Grenzen mehr gesetzt sind.

Das Leben wird ein unvergleichliches Abenteuer, wenn Sie die Energie der Anziehung, das Gesetz der Gegensätze, die Gabe der Weisheit und die Freude des Wunders benutzen, um das anzuziehen, in einen Zusammenhang zu bringen, klar zu erfassen und auszuwählen, was Sie hier und jetzt erfahren möchten.

Ihr jetziges Leben auf dieser Erde ist bereits das Ergebnis dieses Prozesses. Wenn Ihnen etwas von dem, was Sie individuell oder kollektiv geschaffen haben, nicht gefällt, können Sie es neu erschaffen – als die nächstgrößere Ausprägung der großzügigsten Vision dessen, wer Sie sind, die Sie je gehabt haben.

Je umfangreicher die bereits vorhandene Schöpfung, desto mehr Kraft ist aufzuwenden, um sie zu ändern. Wenn wir von *Ihrem* Hunger sprechen, ist diese Schöpfung relativ leicht abzuwandeln. Sprechen wir aber vom Hunger in der *Welt*, dann wird die Neuschöpfung mehr Kraft (das heißt mehr von *Ihnen*) verlangen.

Aber dazu sind die meisten Menschen bis heute nicht bereit. Dieses und andere große, vom Menschen geschaffene Probleme der Welt bestehen nicht deshalb fort, weil nichts an ihnen zu ändern wäre, sondern weil es bisher noch keinen kollektiven Willen dazu gab.

Wo ein Wille ist, da ist auch ein Weg.

Ob es sich um Menschheitsprobleme handelt oder Ihr eigenes Leben bisher von ungünstigen Umständen bestimmt war: Sie müssen nicht für immer so verzagt und entmutigt bleiben.

15

Keine Sorge, Sie haben alle Zeit der Welt

Wenn Sie die Freude des Wunders wachgerufen haben und dem Leben nun so Ausdruck geben, wie Sie möchten, wird es Ihnen sicher nützen, das Prinzip der Zyklen zu betrachten und zu beachten.

Dieses fünfte große Prinzip des Lebens besagt:

„Alles bewegt sich in Zyklen. Es gibt im gesamten Universum keine Gerade. Alles läuft irgendwann in sich selbst zurück. Die Bahn kann Aberbillionen Kilometer lang oder unergründlich viel länger sein, alles gelangt unweigerlich irgendwann an seinen eigenen Anfang zurück. Die Bewegung von Energie und Masse in dieser Kreisbahn erzeugt die Erfahrung dessen, was ihr Unendlichkeit nennen würdet. Das bedeutet, dass euch ein ‚Für-Immer' zur Verfügung steht, um euch in alldem, was ihr individuell und kollektiv seid, zu erfahren."

Alles im Leben ist ein Reigen. Das Leben als solches ist ein Kreislauf ohne Start und Ziel. Alles existiert, „wie es am Anfang war, jetzt ist und je noch sein wird – Welt ohne Ende." Im zyklischen Charakter von allem liegt für uns das Geschenk der Ewigkeit.

Heißt das, es gibt keinen Grund, etwas an den hier und jetzt herrschenden Verhältnissen zu ändern? Ja und nein. Es gibt überhaupt keinen Grund, wenn Sie mit Ihrem persönlichen Leben und dem Leben ringsum zufrieden sind, wenn also das Leben Sie und die höchste Vorstellung, die Sie von sich haben, genau widerspiegelt.

Sollten Sie aber nicht zufrieden sein und dieses gegenwärtige Leben dem Zweck zuführen wollen, für den es gedacht war, dann können Sie die individuellen und kollektiven Umstände Ihres Lebens ändern.

Es liegt bei Ihnen. Sie tun damit etwas, das nicht nur sehr mutig ist, sondern auch heilig. Sie bestimmen, was Sie sind, und dann erschaffen Sie sich neu – in jedem goldenen Augenblick des Jetzt.

Jeder Akt ist ein Akt der Selbstdefinition.

Das gilt auch für den Akt des Nichtstuns ...

Ich habe weiter vorn einiges gesagt, worauf ich jetzt zurückkommen möchte, bevor es in Vergessenheit gerät, ohne vollständig erklärt worden zu sein.

Ich sagte: Wenn jemand es mit der persönlichen Schöpfung versucht und sie enttäuschend und entmutigend und wirkungslos findet, liegt es daran, dass er oder sie die Anziehungskraft, die den Schöpfungsprozess antreibt, nicht so nutzt, wie sie gemeint ist.

Weiterhin sagte ich, dass der Zweck der persönlichen Schöpfung darin besteht, für jedermann in Ihrem Leben und für sich selbst – und zwar in dieser Reihenfolge – ein glückliches, friedliches und von Freude erfülltes Leben zu schaffen.

Und schließlich sagte ich, dass die Worte „in dieser Reihenfolge" ihre Auffassung von persönlicher Schöpfung ein für alle Mal verändern werden.

Es handelt sich nämlich um den wichtigsten, aber auch am seltensten angesprochenen Aspekt der persönlichen Schöpfung.

Und weil davon viel zu wenig die Rede ist, haben Gegner der persönlichen Schöpfung und der „Anziehung" bisher immer Gelegenheit gehabt zu sagen, diese verleite zu egoistischem, eigenmächtigem, eigennützigem und selbstherrlichem Verhalten und sei daher nicht gottgefällig.

Aber „Anziehung" (wie alle großen Prinzipien des Lebens) soll nicht das Selbst, sondern den anderen erhöhen, nicht das Selbst, sondern den anderen ausdehnen, nicht das Selbst, sondern den anderen bereichern, denn *dadurch* wird das Selbst höher, weiter und reicher und in seinem ganzen Ausmaß erfahrbar.

(Nach dieser tiefen Selbsterfahrung sehnt sich die Seele. Sie ist sogar Sinn und Zweck des Lebens überhaupt.)

Diese Ausrichtung auf den anderen wird – im Gegensatz zu den spirituellen Meistern früherer Zeiten – von vielen heutigen Lehrern der persönlichen Schöpfung nicht hervorgehoben. Deshalb sieht es für manche Menschen so aus, als stünden persönliche Schöpfung und der Gebrauch der Anziehungskraft im Widerspruch zu traditionellen religiösen Lehren.

Eigentlich sind im Leben nur zwei Grundfragen zu stellen:

Was kann ich anderen geben?

Was kann ich mir geben?

Immer nur in dieser Reihenfolge, das ist sehr wichtig.

Es ist völlig in Ordnung, sich zu fragen, was Sie sich selbst angedeihen lassen können. Persönlicher Ehrgeiz und das Streben nach persönlichem Glück, persönlicher Erfüllung und persönlicher spiritueller Entwicklung halten das Feuer des Wünschens, des Ersehnens und des Erreichens in Gang. Sie sind das, was die Evolution vorantreibt.

Es ist vollkommen natürlich und in keiner Weise spirituell abträglich, ganz persönlich auf etwas Bestimmtes hinzuarbeiten oder sich etwas Bestimmtes zu wünschen, einschließlich Reichtum, Ruhm und Macht. All das gehört zu den Geschenken des Lebens und den Freuden des Menschseins, und es ist nichts Falsches daran. Es kommt aber darauf an, *wie* wir dergleichen anstreben.

Wer sich all das auf Kosten anderer zu verschaffen versucht, weist sich damit offensichtlich als spirituell nicht besonders hoch entwickelt aus. Nicht so offensichtlich ist, dass es der schwierigste Weg ist, wenn wir diese ganzen Dinge erreichen, indem wir andere Menschen und ihre Bedürfnisse einfach ignorieren. Es ist der Weg, auf dem Sie wirklich am langsamsten zum Ziel kommen.

Die Anziehungskraft wirkt immer am schnellsten, wenn wir dem Leben die beiden grundlegenden Fragen in der richtigen Reihenfolge stellen. In dieser Reihenfolge gibt die erste Frage stets die Antwort auf die zweite. (7)

Am Beginn dieser Gespräche (*Gespräche mit Gott*, Anm. des Übersetzers) stand meine verzweifelte Frage: „Wie kann ich erreichen, dass dieses Leben funktioniert? Weshalb muss mein Leben so ein endloser Kampf sein?" Ich schrie innerlich: „Gib mir die Regeln! Irgendwer soll mir einfach die Regeln verraten!

Ich spiele danach, Ehrenwort. Sag mir nur die Regeln."

In den neun außergewöhnlichen Büchern, die daraus folgten, tat Gott genau dies. Und als Antwort auf meine eben zitierte Frage sagte Gott (der Kürze halber paraphrasiere ich hier):

„Dein Leben muss kein endloser Kampf sein. Die Sache ist ganz einfach. Du meinst, in deinem Leben geht es um dich. In deinem Leben geht es nicht um dich."

„Nicht?"

„Nein."

„Um wen denn dann in aller Welt?"

„Um *jeden* in aller Welt."

16

Hier ist sie endlich: Die unausgesprochene Wahrheit

Dieser kleine Satz – „In deinem Leben geht es nicht um dich" – hat mein Leben verändert. Er stellte alles auf den Kopf. Oder vielmehr vom Kopf auf die Füße. Ich habe nicht für mich selbst zu sorgen, wurde mir gesagt. Ich sei hier, um anderen zu dienen. Im Verlieren meiner selbst würde ich mich finden. Und durch mein Geben würde ich bekommen.

Das kam mir bekannt vor. Es klang nach der üblichen christlichen Doktrin und eigentlich nach der Grundlehre aller Weltreligionen.

Das ist auch so, doch bei näherer Betrachtung zeigt sich, dass es da etwas gibt, was die meisten Religionen auslassen. Sie sagen nicht, *weshalb* diese Lehre zutrifft. Sie sagen nicht, *warum* es nur so geht. Kurz, sie sagen nichts über die persönliche Schöpfung.

Meine Gespräche mit Gott machten mir das alles klar. Persönliche Schöpfung funktioniert und ist der schnellste Weg zu allem, was man erreichen möchte, weil, wie Gott sagte, „du der Einzige im Zimmer bist".

Das war mir unverständlich, ich muss wohl so etwas wie „Hä?" gesagt haben.

Gott erklärte:

„Alle Dinge sind Ein Ding. Es gibt nur Ein Ding, und alle Dinge sind Bestandteile dieses Einen Dings, das Ist.

Daher: Was du für einen anderen tust, das tust du für dich, und was du einem anderen vorenthältst, das enthältst du dir vor."

Das Gegenteil trifft übrigens auch zu: Was du für dich tust, tust du auch für den anderen, und was du dir vorenthältst, das enthältst du auch dem anderen vor. Deshalb heißt es: „Wenn du dich nicht lieben kannst, kannst du auch andere nicht lieben."

Und jetzt kommt etwas, dass einen gewaltigen Anteil der „Geheimformel" fürs Leben ausmacht:

Der Multiplikatoreffekt

Wenn Sie ganz auf sich selbst konzentriert sind, senden Sie ziemlich wenig Energie aus, schließlich sind Sie ja nur *einer* oder *eine*. Aber wenn Sie auf andere ausgerichtet sind, multiplizieren Sie Ihren energetischen Output mit der Anzahl der Personen, denen Ihre Energie zufließt.

Das hat mir mein Leben lang niemand erklärt. Nachdem ich jetzt darauf aufmerksam geworden bin, erscheint es mir völlig selbstverständlich. Wenn alles Energie ist und Energie das ist, was Schöpfung bewirkt, liegt es auf der Hand, dass Ihre persönliche Schöpfung umso schneller vor sich geht und umso prächtigere Ergebnisse abliefert, je mehr Energie Sie ins Spiel bringen.

Und alles, was Sie erschaffen, erfahren Sie auch selbst, weil letztlich alles, was von Ihnen *ausgeht*, irgendwann zu Ihnen *zurückkehren* wird – eben weil „sonst niemand im Zimmer ist". Es gibt nur Sie in unendlich vielen Gestalten. Das erste spirituelle Prinzip, das in *Gespräche mit Gott* zur Sprache kam, lautet: „Wir sind alle Eins."

Solange ich das nicht verstanden hatte und anfing andere zu heilen, konnte ich selbst nicht heil werden: Wie sollte ich Heilung finden, wenn ein Teil *meiner selbst* ungeheilt blieb? Solange ich das nicht verstanden hatte und mich zu echter Liebe anderen gegenüber entschloss, würde ich selbst nicht allzu viel Liebe finden: Wie sollte ich ganz und gar geliebt werden, wenn ein Teil *meiner selbst* ungeliebt blieb? Solange ich das nicht verstanden hatte und ernsthaft anfing, alle anderen als das wahrzunehmen, was sie wahrhaftig sind, würde es mir selbst schwerfallen, mich zu erinnern, wer ich wahrhaftig bin: Wie sollte ich mich gänzlich an das, was ich bin, erinnern, wenn ein Teil *meiner selbst* unerinnert blieb?

Wir müssen uns unseres Ganzen bewusst sein, damit jeder Teil das Ganze sein kann.

Wir sind ein Hologramm.

Behandle andere, wie du selbst behandelt werden möchtest, denn was du anderen tust, geschieht dir, einfach deshalb, weil es keine anderen gibt. Da ist nichts anderes als du.

Jeder von uns ist ein individualisierter Aspekt des Göttlichen. Das wird nicht sehr oft gesagt und wenn, dann eher leise – es handelt sich schließlich um den Gipfel der Blasphemie.

Wenn es nämlich zu häufig und zu laut artikuliert wird, besteht die Angst, dass die Bekenntnis der Menschen zur persönlichen Schöpfung schwindet. Die Wahrheit, welche die Menschheit für immer befreien würde, ist auch die Wahrheit, zu der sich die Menschheit besonders schwer bekennen kann.

Deshalb ist es die unausgesprochene Wahrheit, und sie lautet:

Gott und wir sind Eins.

17

Sie haben keinen Grund, in Sorge um sich selbst zu sein

Die verschwiegene Wahrheit stellt so gut wie alles in Frage, was wir über uns selbst denken – ganz zu schweigen von unseren Gottesvorstellungen. Sie ist natürlich auch entscheidend wichtig für die Frage, wie alles so gekommen ist, wie es ist: Wie wird Realität Realität?

Um den Prozess der persönlichen Schöpfung zu verstehen – und natürlich erst recht, um ihn zu vermitteln –, muss eine ganze Menge über Gott gesagt werden. Darüber hinaus kann es sehr dienlich sein, viel *mit* Gott zu reden. (8)

Wie ich hier schon mehrfach erwähnt habe, kommt es selten vor, dass Leute, die über das Gesetz der Anziehung sprechen, das Wort „Gott" verwenden. Das liegt, glaube ich, daran, dass diese Autoren und Filmemacher befürchten, die Vorstellung von Gott als dem Ursprung der Anziehungskraft könne von ihrer eigentlichen Aussage ablenken, nämlich dass die Kraft in *Ihnen* liegt.

Viele dieser Autoren, das ist nur allzu deutlich, haben sich gesagt, dass das Publikum es sicher als besonders spannend empfinden wird, wenn der Mensch selbst als Urheber seiner persönlichen Schöpfung dargestellt wird. Gib den Leuten das Gefühl, sie selbst besäßen die Kraft zur Veränderung (was für manch einen etwas völlig Neues sein dürfte), und du hast sehr viel für sie getan.

Dagegen habe ich überhaupt nichts einzuwenden. Aber ich glaube, wenn man Gott nicht im Prozess der persönlichen Schöpfung berücksichtigt, wird manch einer versucht sein zu denken, er selbst sei die *gesamte* Kraft, die darin wirkt. Tatsächlich ist es ja so, dass wir in der *Partnerschaft* mit Gott diese Kraft sind. Wenn Sie dieser Versuchung erliegen, tun Sie sich sicherlich erheblich schwerer mit der Manifestation dessen, was Sie erschaffen möchten.

Persönliche Schöpfung ist Gottes Art, uns zu sagen: „Dein Wille sei Mir Befehl."

Und das können viele Menschen nur ganz schwer annehmen. So von Gott zu denken, stellt sie vor große Schwierigkeiten. Wer überhaupt an Gott glaubt, denkt meist, dass er *uns* befiehlt. Dass der Mensch Gott etwas befiehlt – undenkbar! Und doch ist es so, dass Gott zu jedem Menschen sagt: „Dein Wille sei Mir Befehl."

Das liegt nicht nur an Gottes Großmut, sondern an Gottes Allgegenwart; nicht nur an der Unermesslichkeit von Gottes Liebe, sondern an der Unermesslichkeit Gottes Selbst.

Gott ist so groß, dass es keinen Ort gibt, an dem Gott nicht wäre. Und das ist wieder so eine verblüffende Wahrheit, die von den meisten Menschen nicht voll erfasst wird – und zu deren erschöpfendem Verständnis die meisten Religionen ihren Gläubigen auch nicht verhelfen.

Viele Leute glauben, dass Gott in gewisser Weise begrenzt sei. Sie glauben, es gebe Stellen, an denen Gott nicht sei. Sie glauben außerdem, dass es ein paar Dinge gäbe, die Gott nicht beherrsche. Beides trifft nicht zu.

Sehen wir uns erst einmal den Aspekt der Herrschaft und des Einflusses an.

Sie könnten nicht einmal den kleinen Finger heben, wenn Gott es nicht so wollte. Deshalb liegt alles, was Sie tun, ja alles, was überhaupt auf der Erde geschieht, in Gottes Willen und nicht außerhalb.

Manche sagen, dies oder jenes sei nicht Gottes Wille. Aber wenn etwas nicht Gottes Wille wäre, wie könnte es dann überhaupt vorhanden sein oder geschehen?

Andere sagen, Gott *lasse zu*, dass es geschieht. Aber wenn Gott etwas zulässt, ist es dann nicht Gottes Wille? Kann das, was Gott zulässt, etwas sein, was Gott eigentlich nicht möchte? Wenn Gott etwas *möchte*, *will* Gott es dann nicht auch? Was ist der Unterschied zwischen Gottes Wunsch und Gottes Willen?

Alles ist Gottes Wille; die bloße Tatsache, dass es geschieht, beweist das. Es kann nur so sein – es sei denn, wir wären Kinder eines doch nicht so großen Gottes.

Und wie Gottes Macht keine Grenzen kennt, so auch Gottes Ausdehnung. Gott ist, ich sagte es eben, allgegenwärtig. Gott ist überall. Es gibt demnach keinen Ort, an dem Gott nicht wäre.

Keinen.

Das ist, theologisch gesehen, revolutionär. Es spricht von Gottes allgegenwärtiger Realität in allen Dingen und als Bestandteil aller Dinge.

Und dazu gehören auch Sie.

„Gott ist überall", das kommt uns relativ leicht über die Lippen, aber die meisten Menschen glauben doch nicht, dass Gott *in ihnen* lebt. Sie reden sich ein, es sei Demut, was sie so denken lässt, aber in Wirklichkeit ist es doch der Gipfel der Arroganz, zu sagen, Gott existiere überall im Universum außer in Ihnen.

Das würde Sie mit Körper, Geist und Seele zu einem ziemlich exklusiven Etablissement machen.

Nehmen wir dagegen ernst, was selbst die traditionellen Religionen sagen – nämlich das Gott A und O, Anfang und Ende, Alles in Allem ist, dann bleibt nichts anderes als der Schluss, dass Gott in uns existiert.

Das ist ein folgenreicher Schluss, denn sollte er zutreffen – und er trifft zu –, stehen wir vor einer großen und wirklich interessanten Frage: Wo? Wo in uns existiert Gott? Im kleinen Finger? Im großen Zeh? Im Gehirn? Im Herz? In der Seele? (Haben wir überhaupt eine?) (Ja.)

Nun, wenn Gott Alles in Allem ist, Anfang und Ende, dann kann Gott nirgendwo in uns nicht sein. Gott kann auch nirgendwo anders nicht sein. Gott ist überall und ist manifest in allem.

Damit sind wir wieder bei der verschwiegenen Wahrheit: Wenn Gott überall in Ihnen ist, und es nichts in Ihnen gibt, worin Gott nicht wäre, dann ist Gott Sie.

Und alles andere auch.

Wenn Sie das einmal erkannt haben, werden Sie sich nie mehr einbilden, das Leben drehe sich um Sie. Nicht in dem Sinne jedenfalls, dass Sie irgendetwas Bestimmtes sein, tun oder haben müssten, um glücklich zu sein. Nicht in dem Sinne, dass Sie etwas benötigten oder brauchten, um leben zu können.

Wer in dieser Wahrheit lebt, wird sich kaum noch in die kleinen Dramen des Alltags verlieren können, wie es heute noch bei den meisten Menschen der Fall ist. Es eröffnet eine völlig neue Perspektive auf die wahren Tragödien und Verirrungen der Menschheit.

Ich war fünfzig Jahre lang ein wandelnder Identitätsirrtum. Ich sah mich als von Gott getrennt. Heute weiß ich, dass es nicht so ist, dass Gott und ich Eins sind. Das impliziert kein überhebliches „Ich bin Gott". Es heißt: „Ich bin, was Gott ist, und Gott ist, was ich bin." Das bedeutet, dass ich tatsächlich „nach dem Bilde und Ebenbilde Gottes" geschaffen bin.

Sie sind es auch.

Ganz persönlich bedeutet es, dass Sie überhaupt nichts brauchen und sofort aus Ihren persönlichen Alltagsdramen aussteigen können. Wenn Sie alles *sind*, was Sie sich je wünschen oder was Sie benötigen könnten, wozu dann die ganze Aufregung?

Sie möchten Liebe? Sie *sind* Liebe. Sie möchten Wohlstand? Sie *sind* Wohlstand. Sie wünschen sich Mitgefühl, Vergebung, Verständnis? Sie *sind* Mitgefühl, Vergebung, Verständnis.

Wenn Sie bis jetzt in einem Identitätsirrtum gelebt haben, werden Sie diese Dinge nicht so erleben. Der schnellste Weg zu der Erfahrung, dass Sie all dies sind, besteht darin, es eben zu sein – und dahin kommen Sie, wenn Sie all das schenken. Im Schenken realisieren und multiplizieren Sie das Haben, im Haben erfahren Sie das Sein und weiten es aus, und im Sein finden Sie, wer Sie sind, und bringen es zum Ausdruck. Das ist der Sinn und Zweck des Lebens.

Fragen Sie also nicht: „Was werden wir essen, was werden wir trinken, womit werden wir uns kleiden?" All das ist gegenstandslos. „Euch aber muss es zuerst um sein Reich und um seine Gerechtigkeit gehen; dann wird euch alles andere dazugegeben."

Zerbrechen Sie sich also nicht den Kopf. Für Ihr Leben wird gesorgt sein. Kümmern müssen Sie sich nur um diejenigen in Ihrem Leben, die das hier noch nicht wissen. (9) Das Leben als solches ist eine Endlosschleife ist, die Energie des Lebens ist überall präsent und nimmt in Ihnen und mir und allem, was ist, individuelle Gestalt an. Die Individuationen des Göttlichen – die Seelen, wie wir sagen – wandern in dieser Endlosschleife vom Absoluten zum Relativen und zurück, vom rein Geistigen zum Körperlichen und zurück, wieder und wieder und durch alle Zeit, die in Wirklichkeit nur eine Zeit ist: der einzige Augenblick, der überhaupt existiert, und den wir „Jetzt" nennen.

Und die ganze Reise, das ist ihr Zweck, schafft eine ewige Chance und einen grenzenlosen Kontext, in dem wir das, was wir sind, erfahren und zum Ausdruck bringen, werden und erfüllen, erkennen und neu erschaffen können.

Wir sind darauf aus, uns als das Göttliche in allen Aspekten der Gottheit selbst zu erkennen. Ewigkeit und Unendlichkeit sind die Werkzeuge, die uns dabei zur Verfügung stehen. Ewigkeit und Unendlichkeit sind Gottes größte Geschenke.

Wie kann man sich das vorstellen: eine ewige Reise? Ganz einfach, wenn wir das Ende erreichen, die endgültige und vollständige Erkenntnis und Erfahrung dessen, was wir wirklich sind, wiederholen wir einfach als Ganzes, was wir als individuelle Aspekte des Göttlichen getan haben: Wir erschaffen uns gemäß der nächstgrößeren Vision unserer selbst wieder neu. Es folgt die nächste Individuation, und wieder nutzen wir den Prozess des Lebens, um zur Erfahrung der nächstgrößeren Vision zu kommen, Stück für Stück.

Mein letzter Dialog mit Gott gewährt uns Einblick in diesen Prozess und das Wirken der großen Lebensprinzipien. So heißt es dort:

*In dieser heiligen Dreieinigkeit – Gott in drei
Teilen – ist dein Geist da, wo deine bewussten*

Aktivitäten stattfinden. Denk also nur das, was du erleben möchtest; sag nur das, was du wirklich machen möchtest; und nutze deinen Geist, um dem Körper gezielt aufzutragen, nur das zu tun, worin du deine höchste Wirklichkeit abgebildet sehen möchtest. So erschaffst du auf der bewussten Ebene.

Sieh es dir genau an. Ist es nicht das, was alle Meister getan haben? Hat irgendein Meister mehr getan? Nein. Kurz und bündig, nein.

18
Warum wir vergessen und wie

Je mehr wir werden, desto mehr *können* wir werden, und je mehr wir werden können, desto mehr *werden* wir. Wäre dem nicht so, würde das Leben – und *müsste* das Leben logischerweise – irgendwann ein Ende finden, weil das Wachstum enden würde. Wenn das Wachstum aufhört, hört das Leben auf, denn Leben *ist* Wachstum.

Das Leben wird immer wieder eine noch umfassendere „Version" seiner selbst werden. Und wenn die allergrößte Version seiner selbst verwirklicht ist und erkannt und erfahren wird ... erfindet es doch wieder eine noch umfassendere Version. Das Leben hat nämlich nicht vor, zu enden. Gott ist nicht darauf aus, nicht Gott zu sein. Das könnte Gott auch gar nicht. Das Einzige, was Gott nicht kann, ist nicht sein.

Es ist auch das, was Sie nicht können. Dafür können Sie etwas ziemlich Erstaunliches: Sie können vergessen, wer Sie sind. Und das *werden* Sie auch, um neu zu erfahren, wer Sie sind; um zu erfahren, dass Sie göttlich sind.

Weshalb ist das Vergessen so notwendig? Nun, Gott ist der Schöpfer, und das heißt, dass Sie der Schöpfer sind. Um sich aber als der Schöpfer erfahren zu können, müssten Sie etwas erschaffen, und alles, was sich erschaffen lässt, *ist* bereits erschaffen. Alles, was je war und jemals sein wird, *ist jetzt*. Gott hat die Zeit erfunden, damit wir alles Erschaffene eins nach dem anderen betrachten können.

Wenn Sie also etwas „erschaffen", setzt das voraus, dass Sie nicht alles auf einmal sehen können. Genau dazu wurde die Zeit erfunden. Denn da Sie zu irgendeinem bestimmten „Zeitpunkt" nicht alles auf einmal erfassen können, wissen Sie nicht, dass alles bereits erschaffen ist.

... Es sei denn, Sie hätten sich daran erinnert, dass es sich so verhält.

Daher also das Vergessen.

Zeit schafft die Möglichkeit des Erinnerns, die es in Nicht-Zeit nicht gibt (und die dort auch gegenstandslos wäre), weil dort alles zugleich erfahren wird, hier und jetzt.

Das Gedächtnis hat wie die Zeit seine Grenzen. Die Ewigkeit nicht. Sie ist zeitlos. Weil Gedächtnis und Zeit begrenzt sind und das Begrenzte unmöglich das Grenzenlose fassen kann, wird das menschliche Gedächtnis niemals all das wissen, was in allem Wann und Wo der Ewigkeit erschaffen wurde.

Das Gedächtnis ist auf das Dann und Dort beschränkt, während das Hier und Jetzt überhaupt keine Grenzen kennt, sondern sich über alle Ewigkeit und Unendlichkeit erstreckt. Selbst in unserem irdischen Erfahrungsraum ist immer Hier und Jetzt. Es gibt keinerlei andere erfahrbare Zeit!

Können Sie noch folgen? Bleiben Sie bitte ganz nah bei mir.

Göttlichkeit ist eine einmalige Erfahrung.

Gott möchte sich *immer* erfahren. Für immer und ewig. Deshalb hat Gott *Sie* erfunden.

Sie und alles im Leben sind Gottes Werkzeuge, mit denen sich Gott endlos erfahren kann. Zeit und Gedächtnis schaffen die Möglichkeit des Vergessens, und das Vergessen versetzt Sie in die Lage, das *Neuschöpfen* zu erleben. Dieser Akt der „Neuschöpfung" ist Gottes ganze Freude. Aus diesem Grund heißt es auch „Neuschöpfung".

Wenn Sie etwas „aus dem Nichts erschaffen" (und so wird natürlich alles erschaffen, denn alles von Menschen Erschaffene war erst einmal nichts weiter als eine Idee), „erinnern" Sie sich im Grunde lediglich daran, dass es bereits existiert.

Alles existiert bereits. Alle Wirkungen, alle Umstände, alle Ergebnisse, alle nur erdenklichen Erfahrungen und Ausdrucksformen des Lebens sind bereits da und existieren jetzt im Raum der Zeitlosigkeit. Sie ruhen friedlich in allem Wann und Wo der Ewigkeit (um Robert Heinleins einprägsame Formulierung aufzugreifen).

Was tun Sie also letztlich, wenn Sie die Energie der „Anziehung" nutzen? Sie rufen aus dem Feld der unendlichen Möglichkeiten die Erfahrung, die Ausdrucksform des Lebens ab, die Sie hier und jetzt verwirklichen möchten.

Darin erfahren Sie sich als Schöpfer. Und sie können praktisch alles „erschaffen" – hervorrufen –, was Sie möchten. Sie müssen nur wissen, wie man die Auswahl trifft.

19

Ein Wort über „negatives Denken"

Manche sagen, für die persönliche Schöpfung müssten alle „negativen" Gedanken, Wahrnehmungen und Aussagen unbedingt unterbleiben. So verständlich es auch ist, dass man zu so einer Annahme kommt, sie ist dennoch falsch.

Niemand, der persönliche Schöpfung durch positives Denken lehrt, wird je behaupten wollen, dass Sie mit keinem Gedanken an gegebene Umstände denken dürfen, die Ihrem Bild dessen, was Sie sind und was Sie sein möchten, nicht entsprechen.

Sicher, Vertreter des positiven Denkens raten von negativem Denken ab, aber sie verbieten nicht *alles* Denken. Bloße Betrachtung ist noch nicht Verneinung, sondern einfach Betrachtung, Beobachtung. „Sieht so aus, als würde es heute regnen", „Ich glaube, ich höre den Zug kommen", „Jede Stunde verhungern auf der Welt vier Kinder" – das sind ja noch keine Aussagen, mit denen man „negative Energie" verbreitet. Es handelt sich um schlichte Feststellungen.

Wie wollen Sie an irgendwelchen unbefriedigenden Umständen etwas ändern, wenn Sie sie nicht einmal benennen dürfen? Es geht nicht. Positiv zu denken heißt also nicht, dass Sie Augen und Ohren vor den Problemen der Welt verschließen. Sie müssen kein unverbesserlicher Optimist werden, der die schrecklichsten Dinge schönredet.

Wenn ich sage, dass alles vollkommen ist, muss das nicht heißen, dass ich alles wunderbar finde. Etwas „vollkommen" zu nennen heißt einfach, dass es exakt mit dem Stand übereinstimmt, den Ihre Seele jetzt gerade hat – und das kann ja heißen, dass Sie den derzeitigen Zustand *ändern* möchten, um noch besser erkennen, zum Ausdruck bringen und erfahren zu können, was Sie wirklich sind.

Deshalb ist es völlig in Ordnung, zur Kenntnis zu nehmen, dass die bisher von Ihnen geschaffenen Bedingungen, Umstände und Möglichkeiten Ihnen nicht gefallen. Sie erkennen an, dass Sie bei der Erschaffung all dessen mitgewirkt haben, Sie widmen ihm sogar ein paar Worte der Dankbarkeit – aber dann treffen Sie, ohne etwas zu beurteilen oder zu verurteilen, eine neue Wahl und schaffen etwas anderes.

Befürworter des positiven Denkens raten bezüglich der sogenannten negativen Aspekten des Lebens ganz bestimmt: „Verschwende keinen weiteren Gedanken daran." Aber sie werden kaum behaupten, dass man sie gar nicht erst zur Kenntnis nehmen soll.

Wir müssen die Welt um uns doch wahrnehmen, diese Welt, die wir zusammen erschaffen haben. Verweilen Sie einfach nicht bei den Dingen, die Sie nicht so möchten, wie sie sind, aber das heißt nicht, dass Sie sie gar nicht erst wahrnehmen sollen.

Positive Denker raten keineswegs dazu, sich einzureden, Sie lebten ständig in der wunderbarsten Welt, die Sie sich nur wünschen können. Positiv denken heißt zu wissen, dass Sie etwas herbeiführen können, was Ihnen besser gefällt und entspricht, wenn Sie es wirklich möchten.

Und dies ist die hohe Schule: zu wissen, dass die Welt Ihrem individuellen Entwicklungsstand und dem der Menschheit genau entspricht und in diesem Sinne in dem Moment vollkommen ist, in dem Sie von Ihnen und anderen erschaffen wird – und zugleich auch zu wissen, dass Sie „vollkommen" jederzeit neu definieren können, wenn Sie es möchten.

Sie können diese Neudefinition wirklich jederzeit vornehmen und eine entsprechende neue Realität erschaffen. Sie als Individuum brauchen lediglich eine neue Einstellung zu irgendetwas zu entwickeln, und für die Menschheit insgesamt bedarf es eines Wandels des kollektiven Bewusstseins. Beides kann von einem Augenblick auf den anderen geschehen. Und jeder Einzelne hat die Chance, daran mitzuwirken.

Sie sind Schöpfer Ihrer eigenen Wirklichkeit, und zusammen erschaffen wir unsere kollektive Wirklichkeit. Wir nutzen die Kraft des inneren Gottes, und es liegt wirklich alles in unserer Hand.

Das ist die unausgesprochene Wahrheit, wenn sie in voller Länge ausgesprochen wird.

20

Das wahre Wesen Gottes

Weiter vorn habe ich gesagt, dass der Prozess der persönlichen Schöpfung eigentlich aus drei Phänomenen besteht, die als Eins zusammenwirken: Das erste hat mit Gott zu tun, das zweite mit Ihnen und das dritte mit Gott und Ihnen zusammen.

Weiter sagte ich, man könne das auch als die drei Bestandteile der „Geheimformel" des Lebens darstellen. Der erste ist das *Ich Bin*, der zweite das *Du Bist* und der dritte das *Wie*.

Viele haben von Gott, dem *Ich Bin*, eine Vorstellung, die Gottes Macht oder Kraft eher verkleinert, als sie so zu sehen, wie sie ist. Wenn wir nicht aufpassen, erleben wir Gott eher als ein Bild oder eine Vorstellung und nicht als Kraft.

Deshalb wollen wir uns jetzt die Kraft des *Ich Bin* näher ansehen.

Wenn uns schließlich aufgeht, dass Gott nicht so etwas wie ein Mensch von kosmischen Dimensionen ist und keine menschlichen Gefühlsstürme, Verwicklungen und Bedürfnisse (wie das nach Liebe oder Vergeltung) kennt, können wir die unausgesprochene Wahrheit noch ein wenig tiefer erfassen: Gott ist kein großformatiger Mensch, sondern Menschen sind Gott in einem kleineren Format.

Das Größte aller Rätsel, aller Mysterien war schon immer die Frage nach der Identität Gottes: Wer ist Gott? Aber es blieb nicht deswegen ein Geheimnis, weil Gott es so wollte. Es blieb ein Geheimnis, weil die *Menschheit* es so wollte.

(Zumindest gewisse Teile der Menschheit.)

Menschen machen sich Vorstellungen von Gott und geben sich allergrößte Mühe, bei ihren Vorstellungen und Bildern zu bleiben. Viele sehen Gott als eine Art Übermensch – ein unermesslich viel stärkeres und weiseres „Wir". Normalerweise erhält Gott sogar ein Geschlecht (männlich in den letzten Jahrtausenden), wenn nicht sogar ein ethnisches Erscheinungsbild (überwiegend weiß). Andere weisen Gott verschiedene Charaktereigenschaften zu.

Es heißt aber auch, dass nicht übermäßig viele Menschen dergleichen tatsächlich glauben, aber solche Vorstellungen doch immer noch besser seien als gar nichts. Der denkende Verstand braucht irgendetwas, woran er sich festhalten, wovon er sich Bilder und Vorstellungen machen kann. Aber wenn die Menschen das nicht buchstäblich glauben, was glauben sie dann?

Die meisten würden wohl, wenn sie ehrlich sind, zugeben, dass sie eigentlich nicht wissen, was sie glauben sollen, wenn es um das Wesen, das Erscheinungsbild und die Eigenschaften Gottes geht.

Ich erzähle gern die Geschichte von dem sechsjährigen Mädchen, das am Küchentisch emsig mit Buntstiften und Papier rumhantierte.

Die Mutter, mit dem Abwasch beschäftigt und vom Feuereifer ihres Töchterleins angerührt, erkundigt sich: „Was malst du denn, Schnecke?"

„Gott", lautet die nüchterne Auskunft.

„Ach, wie süß", lächelt die Mama. „Aber, weißt du, eigentlich weiß niemand, wie der liebe Gott aussieht."

„Dann warte noch einen Augenblick", kräht die Kleine, „ich bin gleich *fertig*."

Im März 2007 gab ich einen Satsang in Tokio, und da ging es um die wahre Identität Gottes. Ziemlich zu Anfang sagte ich:

„Gott ist kein Superwesen im Himmel und hat keine menschlichen Vorlieben und emotionalen Bedürfnisse wie etwa nach Liebe und Vergeltung. Gott ist die essenzielle Energie des Lebens. Sie werden diese Energie vielleicht als reine Intelligenz bezeichnen wollen.

Der Intelligenz ist es egal, ob Sie an sie glauben oder nicht. Sie fragt auch nicht, ob sie von Ihnen gezielt eingesetzt wird oder nicht. Und wenn Sie sich der Intelligenz gezielt bedienen, fragt sie nicht, in welcher Weise. Sie hat zu alledem kein Urteil. Sie urteilt nämlich über gar nichts.

Reine Intelligenz will nichts, braucht nichts, sucht nichts. Sie *ist*. Sie lässt sich benutzen. Das kann sie deshalb tun und zulassen und ermöglichen, weil sie in alles eingeht und folglich in allem ist.

Sie finden reine Intelligenz überall, wohin Sie auch blicken. Sie liegt allem Existierenden zugrunde. Eine Schneeflocke spiegelt reine Intelligenz. Jedes Atom spiegelt reine Intelligenz. Der ganze weite Nachthimmel spiegelt reine Intelligenz. Das Leben als solches, auf welcher Ebene wir es auch betrachten, spiegelt reine Intelligenz.

Und das Leben bedient sich der Energie, die ich hier reine Intelligenz nenne. Auch Sie bedienen sich dieser Energie, Sie richten sie jede Sekunde jeder Minute jeder Stunde jedes Tages aus ... meist ohne es zu merken.

Diese Energie existiert, und das, was ‚das Geheimnis' genannt wird, gibt an, wie man sie gezielt zu seinem persönlichen Vorteil nutzen kann. (10) Diese Energie, die ich reine Intelligenz nenne – einer der Namen Gottes –, hat zu nichts eine Meinung und zwar deshalb, weil sie nichts benötigt. Sie ist das Einzige überhaupt, was nichts benötigt, einfach deshalb, weil sie absolut alles ist, was existiert, in welcher Form auch immer. Das ist nicht nur alles Physische, sondern auch alles Metaphysische. Und alles Spirituelle und alles, was in irgendeiner Form einfach *ist,* zum Beispiel Gedanken, Gefühle, Empfindungen, Ideen und, ja, Schwarze Löcher.

Überlegen Sie mal: Wenn Gott wirklich alles in welcher Form auch immer Existierende ist, was könnte Gott dann benötigen oder wünschen oder fordern? Wie könnte Gott wohl auf den Gedanken kommen, uns zu bestrafen, weil wir Gott nicht geben, was Gott unserer Vorstellung nach braucht oder haben will?

Liegt das nicht auf der Hand? Darüber braucht man gar nicht weiter zu reden, weil simple Logik mühelos klärt, dass wir uns zu Gefangenen unserer eigenen Mythen gemacht haben.

Und jetzt bietet sich uns und allen Lebewesen die Chance, die Energie der reinen Intelligenz endlich so zu nutzen, wie es eigentlich gemeint war. Nicht alles, was im Universum existiert, kann diese essenzielle Energie *gezielt,* das heißt bei vollem Selbstbewusstsein und intentional nutzen. Nur was Selbstbewusstsein besitzt, Gewahrsein seiner selbst, kann das.

Diese letzte Aussage muss ich korrigieren. Nicht alles Selbstbewusste kann die essenzielle Energie gezielt einsetzen. Es ist nämlich nicht einfach eine Frage des Bewusstseins, sondern der *Bewusstseinsstufe*. Ein Hund zum Beispiel ist hochintelligent, aber er besitzt (soweit wir wissen) nicht genügend Selbstbewusstsein, um die essenzielle Energie gezielt, das heißt mit Intention, einzusetzen.

Menschen sind sich nicht nur ihrer selbst bewusst, sondern wissen auch um dieses Bewusstsein und sind damit zumindest bis zur zweiten Stufe des Bewusstseins aufgestiegen. Hier nimmt man sich selbst wahr und nimmt wahr, *dass* man sich wahrnimmt. Wir können sozusagen aus uns heraustreten und uns bei dem, was wir tun, denken und sagen, zusehen oder beobachten.

Wir können uns sogar noch bei dieser Selbstbeobachtung beobachten. Wir können in den Korridor der Bewusstheit zurücktreten und nach vorn und hinten durch die Türen blicken – und uns sogar, wie manche sagen, in unserer Göttlichkeit und Heiligkeit sehen und erfahren."

Nach diesen Worten wiegte ich mich in der Gewissheit, eine ganz unproblematische Definition Gottes gegeben zu haben (dass Gott *wir* ist, hob ich mir für die spätere Diskussion auf). So war ich völlig überrascht, dass meine Worte manche der Teilnehmer in ernste Bedrängnis brachten. Inzwischen ist mir klar, dass ich das hätte wissen müssen.

21

Gottes größtes Geschenk: Ihre vollkommene Freiheit

Nach dieser kleinen Einleitung bei meinem Satsang in Tokio stand ein Mann im Hintergrund auf und sagte, er habe eine Frage, die ihm auf der Seele brenne.

Er sagte: „Als ich die *Gespräche mit Gott* las, fühlte ich mich sehr angesprochen und berührt, weil sie mich an einen persönlichen Gott glauben ließen, einen Gott, der mich liebt. Jetzt bin ich verunsichert. Sie haben gerade einen Gott geschildert, der gar nicht Person oder überhaupt ein Wesen ist und den es nicht kümmert, was ich tue oder was aus meinem Leben wird.

Ich fühle mich nach dieser Schilderung ziemlich elend. Das hatte ich hier nicht erwartet. Es deprimiert mich. Können Sie mir weiterhelfen?"

Es war eine großartige Frage, die Frage eines Menschen, der jedem Wort nachspürte und alle Feinheiten und Implikationen erwog. Etliche andere nickten und gaben der Frage mit erwartungsvoll erhobenem Gesicht Nachdruck.

Ich wechselte das Standbein, räusperte mich und begann, mit ganz ruhiger, fester Stimme zu sprechen. Die Worte kamen von irgendwoher jenseits meines eigenen Bewusstseins.

„Wenn Gott reine Intelligenz ist, heißt das nicht, dass Gott nicht die Form eines Lebewesens annehmen könnte. Reine Intelligenz als die essenzielle Energie von allem, was ist, kann die Form jedes Teils annehmen, sollte man meinen. Anders gesagt, Gott kann in jeder gewünschten Form in unserem Leben erscheinen.

Was wir Gott nennen, kann demnach als ein Wesen Gestalt annehmen, das ganz wie ein Mensch aussieht – sofern es das ist, was Gott in irgendeiner Situation als das ansieht, was ein bestimmter individualisierter Aspekt Seiner selbst am ehesten verstehen und annehmen kann.

Mir ist im Laufe der Zeit klar geworden, dass die Energie, die Gott ist, genau die Form annimmt, die dem Menschen, dem Gott erscheint, entspricht. Für Menschen tritt Gott deshalb in menschlicher Gestalt auf.

Aber Gott ist nicht auf diese Gestalt festgelegt. Gott kann in jeder Gestalt auftreten, die wir wünschen, auch als reine undifferenzierte Energie. Und wir können diese undifferenzierte Energie zu allem formen, was wir möchten.

Wie wir das machen? Durch den Prozess der persönlichen Schöpfung."

Jetzt wurde es lebhafter im Publikum. Offenbar fügten sich die Teile zu einem Bild zusammen.

„Bevor wir darauf eingehen", sagte ich, „wollen wir uns noch mit dieser Sache befassen, dass Gott sich nicht kümmert; und ob das bedeutet, dass Gott kein liebender Gott ist.

Nicht kümmern ist nicht dasselbe wie nicht lieben. Stellen Sie sich bitte Ihre eigenen Kinder vor, wie sie im Garten spielen. Kümmert es Sie, welches Spiel sie da spielen? Spielt es für Sie irgendeine Rolle, ob die Kinder Fangen oder Verstecken spielen oder einfach bolzen? Natürlich nicht. Es käme Ihnen nie in den Sinn, den Einfallsreichtum der Kinder zu steuern und ihnen vorzuschreiben, mit welchen Spielen sie ihre Zeit verbringen.

Sie sagen einfach: „Geht spielen, Kinder. Viel Spaß. Passt auf, dass ihr euch nicht wehtut. *Wenn ihr mich braucht, ich bin hier.*"

Genau das sagt Gott zu uns. Dass es Gott einerlei ist, was wir tun, zeigt an, wie *sehr* Gott uns liebt, nicht wie wenig! Die Freiheit, zu sein, zu tun zu haben, was wir wollen, ist die größte Freude überhaupt. Sie ist die größte Kostbarkeit, das größte Geschenk, das Gott uns machen kann. Selbst die traditionelle Religion sagt, dass wir diese Gabe von Gott bekommen haben. Wir nennen sie ‚freier Wille'."

Wieder eifriges Nicken unter den Zuhörern. Es war zu spüren, dass sie immer mehr erfassten, was gemeint war. Ein Bild formte sich für sie.

„Kommen wir jetzt zu dem, was das eigentliche, wahre Wesen Gottes ist. Ich sagte, dass Gott in jeder Form erscheinen kann, in der wir Gott haben wollen – auch als alter Mann mit Bart, als goldener Lichtstrahl oder einfach als reine undifferenzierte Energie. Wir selbst können das übrigens auch.

Ja, wir können das. Nur tun wir es Zelle für Zelle, und das, was wir Gott nennen, tut es auf einen Schlag.

Die neuere medizinische Forschung findet immer mehr über die sogenannten Stammzellen heraus. Wissen Sie, was Stammzellen sind? Es sind Zellen in Ihrem Körper, die noch keine besonderen Merkmale und Funktionen haben. Aber sie können diese Merkmale herausbilden, sie können sich im Prozess der Zellteilung differenzieren und zu spezialisierten Zelltypen entwickeln.

Die *Gespräche mit Gott* sagen, dass der Sinn und Zweck unseres Lebens darin besteht, uns immer wieder als die nächsthöhere Annäherung an die höchste

Vision unserer selbst neu zu erschaffen. Und genau das geschieht auch jetzt gerade in Ihrem Körper.

Die Mediziner haben nämlich herausgefunden, dass man Stammzellen dazu ‚überreden' kann, sich zu Zellen jedes gewünschten Körperteils auszudifferenzieren, das heißt, sie können auch zum Beispiel Herz- oder Gehirnzellen werden!

Wenn Gott also etwas so Staunenswertes wie undifferenzierte Zellen zu erschaffen vermag, die zu jedem Teil des Körpers werden können, was vermag Gott dann wohl mit Gott selbst zu tun?"

Es wurde sehr still im Raum.

„Können wir Gott vielleicht einfach als ‚undifferenziertes Leben' bezeichnen, aus dem alles differenzierte, individuelle Leben hervorgeht? Fänden Sie es weit hergeholt, Gott als die Mutter aller Stammzellen zu sehen?"

22

Der Mechanismus der Manifestation

So viel zum ersten Teil der persönlichen Schöpfung, dem *Ich Bin*. Gott ist formlose Form. Gott ist *Leben* – die essenzielle Grundenergie, das erste und einzige Element – in undifferenzierter Form.

Jetzt also zum zweiten Teil, dem *Du Bist*. Das ist die unausgesprochene Wahrheit über den Prozess der persönlichen Schöpfung, die Wahrheit *hinter* der Wahrheit: Sie sind eine Ausdifferenzierung der undifferenzierten Form, die wir Gott nennen.

Das möchte ich wiederholen, damit wir auf keinen Fall die ungeheuren Implikationen übersehen: *Sie sind eine Ausdifferenzierung der undifferenzierten Form, die wir Gott nennen.*

Etwas von dem, was Gott ist, differenziert sich zu dem, was *wir* sind, und etwas von der unerschöpflichen Energie, die Gott ist, bleibt undifferenziert und wartet darauf, dass *wir* es differenzieren!

Hier wird es nun ein bisschen kompliziert, weshalb ... na, Sie wissen schon: Bleiben Sie ganz nah dran!

Wie bereits mehrfach erwähnt, hat sich Gott in der Nicht-Zeit schon zu jeder Form differenziert, die jemals war, jetzt ist und je sein wird. Das Werk des Lebens ist getan. Sein Auftrag ist ausgeführt. Es hat bereits jede individualisierte Gestalt angenommen: Alles im Feld der unendlichen Möglichkeiten ist bereits vorhanden; oder anders gesagt, es steht bereit.

Wir müssen es nur noch hervorrufen, in unsere Realität überführen. Das ist der dritte Teil der persönlichen Schöpfung, der Wie-Teil. Unzählige Bücher wurden schon zu diesem Thema geschrieben, ohne dass es irgendwer je ernsthaft unternommen hätte, den *Mechanismus* der Manifestation darzulegen!

Wie Mediziner inzwischen Stammzellen dazu anregen können, sich zu jeder Zellart im Körper zu differenzieren und Herz-, Knochen- und sogar Gehirngewebe zu bilden (zum Beispiel, um geschädigte Körperteile zu ersetzen), so vermag Gott Gottes undifferenzierter Form jede nur erdenkliche physische oder nichtphysische Form zu geben – und tut es auch! Alle diese Formen und Gestalten heißen zusammen *Leben*!

(Eine nichtphysische Form kann zum Beispiel ein Gefühl sein. So kann Gott im Leben eines Menschen als Liebe erscheinen – oder als Vergebung. Oder – wie es oft im Augenblick des Todes ist – als ein Gefühl von „willkommen daheim", ein Gefühl von vollkommener Geborgenheit. Diese Gefühle sind Gott in nichtphysischer Form.)

Der Mechanismus der Manifestation setzt voraus, dass wir uns erinnern, wer wir wirklich sind (nämlich jeder von uns eine der vielen Formen dieses „wandlungsfähigen" Gottes), und was wir schon alles getan haben (wir haben alles erschaffen, was ist). Und schließlich erinnern wir uns an spezifische Dinge, die im Zusammenhang mit dem bereits Erschaffenen stehen.

Wir haben unser Selbst von Gott getrennt, um Individuation zu erleben, und das geschah durch Ablösung unseres göttlichen Selbst von allen unseren Schöpfungen.

Wenn wir jetzt irgendeinen Aspekt unseres göttlichen Selbst in unserer Realität manifestieren wollen, brauchen wir uns nur an diese Schöpfung zu erinnern. Das geschieht durch Ausdrucksformen des Lebens, die wir Gedanken, Worte, Aktionen und Gefühle nennen.

Wie geht das vor sich? Im Grunde ziemlich einfach. Alles im Leben ist Energie. Alles. Alles im Leben schwingt. Schwingung ist die Bewegungsform der

Energie. Die Essenz manifestiert sich durch die Anmut der Bewegung in verschiedenen Formen.

Alles ist mit allem anderen verbunden. Alles. Nichts ist unverbunden oder getrennt. Das bilden wir uns lediglich ein. Unverbundenheit und Trennung sind unmöglich.

Die Gesamtheit von Allem ist eine unvorstellbar umfassende *Matrix*. Diese Matrix schwingt an verschiedenen Stellen mit unterschiedlichen Frequenzen. Wir können diese Unterschiede als lokale Störungen des Energiefelds bezeichnen – denken wir an einen Stein, der in einen Teich geworfen wird.

Sie sind auch solch eine lokale Störung. Desgleichen Ihre Gedanken, Ihre Worte, Ihre Aktionen. Worte schwingen. Gedanken schwingen. Aktionen schwingen. Worte sind ja im Grunde einfach Geräusche mit einem bestimmten Schwingungsmuster. Gedanken sind weniger dicht und deshalb von anderer Frequenz. Aktionen sind dichter und deshalb ebenfalls von eigener Schwingungsfrequenz.

„Schöpfung" besteht nun einfach in der Einstimmung auf die Frequenz von etwas, das in der Gesamtmatrix bereits existiert und durch die Einstimmung oder Abstimmung in Ihre Richtung gezogen wird. Eigentlich „erschaffen" Sie also nicht wirklich etwas, sondern stimmen sich nur auf bereits Geschaffenes ab, wodurch Sie es gleichsam magnetisch anziehen.

Anziehung besteht demnach einfach in einem Abgleich Ihrer eigenen Energie mit der Energie dessen, was Sie möchten. Noch einmal: Sie erschaffen nichts, Sie holen nur bereits Geschaffenes in Ihren Erfahrungsraum. Sie ziehen es heran, Sie rufen es durch energetischen Abgleich aus dem Feld der unendlichen Möglichkeiten hervor.

Gedanke, Wort und Aktion, sagen die *Gespräche mit Gott*, sind die drei Werkzeuge der Schöpfung. Alles, was Sie denken, sagen und tun, erzeugt Energie und damit Ihre Realität. Ihre „Realität" ist nämlich nichts anderes als die Gesamtheit Ihrer Energien und der von Ihnen angezogenen Energien.

Deshalb ist der Mechanismus der Manifestation nichts weiter als ein energetischer Abgleich. Schwingung wird so abgestimmt, dass sie mit dem Aspekt der universalen Energie in Resonanz tritt, den Sie in Ihrem Leben haben möchten.

Mit dem Wort „Realität" meinen wir das, was hier und jetzt erfahren wird. Und das ist ja das Einzige, was überhaupt erfahren werden kann. Das Gestern können Sie nicht erfahren, nur erinnern. Sie können auch das Morgen nicht erfahren, nur vorhersehen. Das Einzige, was Sie je erfahren können, ist das Hier und Jetzt.

Nichts ist „wahrhaft wirklich", es ist nur insofern real, als Sie es erfahren. Man könnte auch sagen, dass Sie es real *machen*, indem Sie es erfahren.

Erfahrung hat aber mit Resonanz zu tun. Es geht um die Energien der Essenz, die Sie hier und jetzt an sich und durch sich hindurchziehen. Wir nennen das „Schöpfung".

Schöpfung ist Resonanz.

Wenn Sie eine Idee zu irgendetwas haben oder etwas visualisieren (wie es bei Erfindern häufig der Fall ist), tun Sie eigentlich nichts anderes, als es sich so in Erinnerung zu rufen, wie es bereits existiert. Wenn es nicht existieren würde, könnten Sie gar nicht erst daran denken!

Denken ist demnach im Grunde so etwas wie ein Wiederauffinden. Eine Art Datenrückgewinnung aus dem ewigen kollektiven Bewusstsein. Wir können es auch als spontane Resonanz einer lokalen individualisierten Ausprägung des Göttlichen mit einem Aspekt der Universalen Göttlichkeit betrachten. Es ist der Abgleich eines Teils des Ganzen mit der Gesamtheit des Ganzen.

Deshalb sind Intention und Ausrichtung so entscheidend wichtig für den schöpferischen Prozess (oder den Prozess der Rückgewinnung). Intentionales Denken und tiefes Fühlen *schaffen* die Dinge nicht, die wir uns wünschen, sondern *bergen*, was schon da ist – „Ehe sie rufen, will ich antworten".

Dazu kommt es oft plötzlich und unverhofft. Auf einmal haben wir etwas realisiert – real gemacht –, was immer da war.

Ich nenne dieses plötzliche Erinnern gern „spirituelle Entdeckung". „Entdeckung" besagt ja, dass etwas neu Aufgefundenes bereits da war. Naturwissenschaftliche Entdeckungen decken ebenfalls nur etwas auf, was schon da war, nur eben noch nicht gesehen werden konnte. Spirituelle oder metaphysische Entdeckung lässt etwas im Übernatürlichen (oder eben in Gott) latent Vorhandenes manifest werden.

Wenn wir das intellektuell verstanden haben, kann es uns den Zugang zum eigentlichen Prozess erleichtern. Wenn wir wissen, was wir tun und warum, tun wir uns für gewöhnlich leichter.

Die essenzielle Energie des Lebens ist flüchtig, zart, wie ein Hauch. Sie ist überall. Bewusste Schöpfung reichert diese Energie sozusagen an und magnetisiert sie. Sie ziehen sie an, sodass sie immer mehr Raum in Ihrer Erfahrung einnimmt.

Unser Fühlen ist von besonderer Kraft für diesen Vorgang. Es verdichtet Energien zu resonanten Wellenmustern. Wenn Sie etwas manifestieren wollen, dann denken Sie nicht nur daran, sondern fühlen Sie es. Fühlen Sie, wie es wäre, es zu haben. Versetzen Sie sich in die Erfahrung, und fühlen Sie, wie das ist. Ihr Fühlen besorgt die Feinabstimmung des morphischen Feldes, in das Sie eingebettet sind und das Sie gleichsam auffüllen, wenn Sie Energie aussenden – was Sie in jedem Augenblick tun. Mit dem Fühlen identifizieren und verstärken wir die Energie, von der wir gern mehr hätten, und so kommen wir in Resonanz mit ihr.

Je deutlicher uns bewusst wird, wie der Mechanismus der Manifestation wirkt, desto leichter werden wir das manifestieren können, was wir möchten. Und das gilt nicht nur für physische Dinge und Erfahrungen, sondern auch für Nichtkörperliches wie Gefühle und Bewusstsein.

So können wir nicht nur Geld manifestieren, sondern auch das, was man rechten Lebensunterhalt nennt; nicht nur einen Gefährten/eine Gefährtin, sondern auch die Erfahrung der Liebe; nicht nur handfeste Problemlösungen, sondern auch das, was Weisheit genannt wird. Wir manifestieren Vergebung, Mitgefühl, Verständnis, Freude, Glück ... und Frieden.

Friede auf Erden und Wohlwollen gegenüber allen Menschen überall.

Endlich.

23

Weshalb der Schöpfungsprozess unter Verschluss gehalten wurde

Machen wir uns einmal klar, weshalb so viele Menschen, die an einen Gott glauben, an den sie sich mit ihren Anliegen wenden, sehr ungehalten werden, wenn von einer „Kraft" die Rede ist, die in jedem existiert und mit der wir unsere eigene Realität erschaffen können.

Wenn wir uns an Gott wenden müssen (der folglich außerhalb unserer selbst existiert, getrennt von uns und fern), um in Zeiten der Not Hilfe zu finden oder für unser Leben etwas bereitgestellt zu bekommen, was wir uns sehr wünschen, liegt dem die Annahme zugrunde, dass wir uns an die Gesetze Gottes halten müssen, um eine Zusage zu bekommen. Wir müssen uns mit Gott gutstellen, wenn wir Gottes Segen erhalten wollen. Wenn Gott zu uns gut sein soll, müssen wir erst einmal gut zu Gott sein. Quid pro quo – es ist ein Gegenleistungsverhältnis.

Uns ist beigebracht worden, dass Gott niemandem Seinen Segen gibt, der Ihm nicht gehorcht, der sich nicht für Ihn interessiert oder nicht in der *rechten Weise* vor Ihn hintritt. Aber dieser Gott verweigert solchen Leuten nicht nur Seinen Segen. Nein, Er gibt sie der ewigen Verdammnis preis und sorgt dafür, dass sie für immer im Höllenfeuer brennen.

Sollten wir aber die Kraft, all das zu erschaffen, was wir wollen, in uns selbst haben, dann würde das bedeuten, dass wir nicht „gut" sein müssen, um es zu bekommen. Wir müssen uns nicht dem Gesetz Gottes beugen, wenn wir die Energie der Anziehung zur persönlichen Schöpfung nutzen können. Das bringt natürlich all jene, die uns erzählen wollen, was Gottes Gesetz ist, um ihre Macht.

Dieser letzte Satz ist von ungeheurer Tragweite. Und das war schon während der gesamten Menschheitsgeschichte so. Deshalb haben die, die behaupten, das Gesetz Gottes zu kennen, schon immer allen nachgestellt – und sie häufig umgebracht –, die sagten, das Reich Gottes sei in uns.

Das ist der Punkt, bei dem Sie bei den meisten Religionen der Welt mit Einmütigkeit rechnen dürften. Sie mögen in vielem unterschiedlicher Meinung sein, aber in diesem Punkt, das kann ich Ihnen versichern, sind sie sich einig: Das Vermögen, Ihre Realität selbst zu bestimmen, glücklicher als Gott zu sein und sich Reichtum, Ruhm, Liebe und Glück (von Frieden auf Erden ganz zu schweigen) selbst zu schaffen, liegt *nicht* in Ihnen, und es ist nicht nur überheblich, sondern spirituell gefährlich, sich so etwas einzubilden.

Die Wirklichkeit, wird man Ihnen sagen, sieht vielmehr so aus: Gott regiert Ihr Leben nach Seinem Willen, und Ihnen obliegt es, Gott zu gehorchen, sich Seinem Willen zu unterwerfen, Gottes Geheiß auszuführen. Und wenn Sie für sich selbst etwas wollen, dann bleibt Ihnen nur, zu beten und zu betteln und zu hoffen, es möge Gottes Wille sein, dass Sie es bekommen.

In den Augen der Religion gibt es hier noch mehr Bedrohliches. Wenn wir uns mit der Bitte um Hilfe an Gott wenden oder Ihn anrufen, das zu erschaffen, was wir uns wirklich wünschen, besteht keineswegs die Gewähr, dass Gott es auch tun wird, selbst dann nicht, wenn wir uns strikt an Gottes Gesetz halten. Es gibt gute Menschen, wunderbare Menschen, deren Gebete nicht erhört werden. Und wenn diese Menschen wissen wollen, warum, wenn sie zu ihren Priestern und Rabbis und Ulamas laufen und sie anflehen, ihnen zu sagen, warum Gott ihre Bitten nicht erfüllt, wo sie doch so gute und treue Diener wären, sagt man ihnen: „Unerforschlich sind Gottes Wege. Es ziemt euch nicht, damit zu hadern, ihr habt es anzunehmen."

Und nun heißt es von der persönlichen Schöpfung, sie wirke mit absoluter Sicherheit. Gott mag vielleicht „Nein" sagen; die persönliche Schöpfung sagt immer: „Ja." Sie führt immer zum Ergebnis. Es kommt nur darauf an, wo Ihre Aufmerksamkeit liegt und welches Gefühl die Oberhand gewonnen hat.

Deshalb wird die persönliche Schöpfung als so bedrohlich angesehen und unter Verschluss gehalten.

Solange wir glauben, Gott könne zu unseren Anliegen „Nein" sagen, tun wir alles nur Erdenkliche (oder Vorgeschriebene), um Gott zum Jasagen zu bewegen. Und daraus bezieht die Religion ihre Machtposition. Denn sie schreibt schließlich vor, was zu tun ist, um sich Gottes Ja zu sichern.

Persönliche Schöpfung dagegen bejaht *jedes* Anliegen – und jeder Gedanke, jedes Wort und jede Tat bekundet ein Anliegen.

Sollte dieser Prozess tatsächlich funktionieren, dann würde das natürlich bedeuten, dass in unseren Händen eine gewaltige Schöpferkraft liegt. Nach dem Geschmack mancher institutionalisierter Religionen viel zu viel Macht, denn wie soll man da seine Dogmen, Doktrinen, Verfügungen und Entscheidungen weiter rechtfertigen und durchsetzen?

Wenn Sie also etwas aus eigenem freiem Willen erschaffen möchten, kann es sein, dass man Sie der Abtrünnigkeit bezichtigen wird, eines Aufbegehrens gegen Gott schuldig, der dem Widerstand Satans nicht unähnlich ist. Auch er, sagen die Kirchen, maßte sich die Macht Gottes an, er wollte Gott gleich sein, ihn verlangte es nach der Herrlichkeit Gottes. Dafür wurde er aus dem Himmel verbannt und zur immerwährenden Qual der Trennung vom Göttlichen verdammt, in der ihm nur diejenigen Gesellschaft leisten, die Ähnliches anstrebten.

Die eigentliche Gefährlichkeit der persönlichen Schöpfung liegt in einem neuen Denken – über sich selbst und über Gott.

Und das sind die beiden unglaublichen Dinge, zu denen uns Jesus von Nazareth aufforderte. Dafür wurde er gekreuzigt.

Denkt anders von euch, und denkt anders von Gott, sagte er. Er sagte es nicht in diesen Worten, aber seine Worte bedeuteten eben das. Er sagte noch weit mehr, was ganz unmittelbar von der großen Wahrheit zeugte.

Was Jesus den Menschen seiner Zeit mitteilte, traf die Welt wie Blitz und Donner. Er sagte zum Beispiel: „Bittet, dann wird euch gegeben; sucht, dann werdet ihr finden; klopft an, dann wir euch geöffnet. Denn wer bittet, der empfängt; wer sucht, der findet; und wer anklopft, dem wird geöffnet."

Genau darum geht es natürlich bei der persönlichen Schöpfung. (11) So viele Lehrer und Botschafter legen uns seit Jahrhunderten nahe, uns diese Botschaft zu eigen zu machen.

Es stimmt, dass nicht alle Lehrer, die einmal über persönliche Schöpfung gesprochen haben, ganz klar sagen, dass wir dabei die Kraft Gottes nutzen. Aber Jesus ließ daran überhaupt keinen Zweifel, als er sagte: „Oder ist einer unter euch, der seinem Sohn einen Stein gibt, wenn er um Brot bittet, oder eine Schlange, wenn er um einen Fisch bittet? Wenn nun schon ihr, die ihr böse seid, euren Kindern gebt, was gut ist, wie viel mehr wird euer Vater im Himmel denen Gutes geben, die ihn bitten!"

Das also ist der fehlende Teil.

Um es zu wiederholen: Manche Leute, die von der persönlichen Schöpfung hören, merken kritisch an, der Mensch werde hier doch aufgefordert, sich nur auf sich selbst zu verlassen – unter Ausschluss Gottes. Die wirklichen Meister sagen aber, dass wir unter Einbeziehung Gottes aus den eigenen Kräften schöpfen sollen.

Diese Kritiker haben jedoch insofern Recht, als vielfach wirklich das Wesentliche unausgesprochen bleibt. So wird uns gesagt:

Die Energie der Anziehung ist eines der großen Prinzipien des Lebens, und alle diese Prinzipien sind Gottes Prozess.

Unausgesprochen bleibt jedoch dies:
Die Energie der Anziehung nutzen heißt, einfach die Kräfte Gottes ins Spiel zu bringen.

Wer diesen Prozess ganz verstanden hat, braucht sich um nichts mehr zu sorgen. Jesus sagte das ganz deutlich. Sehen wir uns seine Worte ruhig noch einmal an. „Sorgt euch nicht um euer Leben und darum, dass ihr etwas zu essen habt, noch um euren Leib und darum, dass ihr etwas anzuziehen habt ... Euch aber muss es zuerst um sein Reich und um seine Gerechtigkeit gehen; dann wird euch alles andere dazugegeben."

Befürworter der traditionellen Religionen könnten hier ausrufen: „Na bitte! Es geht darum, *zu Gott* zu gehen. *Euch aber muss es zuerst um sein Reich und um seine Gerechtigkeit gehen.*"

Man kann sich denken, dass es sie ein wenig verstört, wenn Jesus immer wieder sagt: „Das Reich Gottes ist schon mitten unter euch."

24

Wie man persönliche Ziele am besten erreicht

Die spirituellen Meister haben uns schon immer geraten, uns nicht weiter um das Ich zu kümmern, aber ich wiederhole, dass es vollkommen in Ordnung ist, persönliche Ziele zu haben.

Ich möchte außerdem anmerken, dass wir den Schlüssel zum dauerhaften Glück finden, wenn wir verstanden haben, dass der schnellste Weg zum Erreichen all unserer erträumten Ziele darin besteht, dass wir *anderen* helfen, ihre Ziele zu verwirklichen und das Leben zu führen, dass *sie* sich erträumen.

Ich kann Ihnen versprechen, dass ich mir das nicht einfach aus den Fingern sauge. Es ist nicht bloß eine ganz hübsch klingende Idee, sondern viele haben es so erlebt und ihr Leben entscheidend zum Besseren gewendet. Lesen Sie die nachfolgenden Zitate in aller Ruhe, um sie ganz in sich aufzunehmen. Sie stammen von Leuten, die wissen, wovon sie reden.

Wenn wir anderen helfen, helfen wir uns selbst, denn alles Gute, das wir geben, schließt einen Kreis und kommt zu uns zurück.

Flora Edwards

Unser oberster Lebenszweck besteht darin, anderen zu helfen.

Der Dalai Lama

Hilf anderen, ihre Träume zu verwirklichen, und du wirst deine verwirklichen.

Les Brown

Es ist buchstäblich wahr, dass Sie am besten und schnellsten zum Erfolg kommen, wenn Sie anderen zum Erfolg verhelfen.

Napoleon Hill

Alles in der Welt, was Sie sich wünschen, können Sie bekommen, wenn Sie nur genügend anderen helfen, das zu bekommen, was sie sich wünschen.

Zig Ziglar

Ist es nicht faszinierend, dass so viele sehr erfolgreiche Leute zu gleichen Formel kommen – zum gleichen Verständnis, zur gleichen Einsicht, zum gleichen Ansatz, zu einer Lebensform, die uns vor so langer Zeit ans Herz gelegt wurde:

> *Alles, was ihr also von anderen erwartet,*
> *das tut auch ihnen!*

Wenn wir andere als göttlich sehen und sie entsprechend behandeln, wird die Energie der Anziehung endlich so benutzt, wie sie gedacht war. Sie bringt die Wirklichkeit dessen, was wir sind, zu uns.

Und nicht nur zu manchen, sondern zu allen, ohne Ausnahme.

25

Persönliche Schöpfung und das Leid in der Welt

Sie werden jetzt allmählich wissen wollen, was es mit den 17 Schritten zu mehr Glück und Zufriedenheit auf sich hat. Wir kommen gleich dazu. Doch bevor wir endlich und gründlich aufklären, wie Sie ganz persönlich glücklicher als Gott sein können, müssen wir uns noch etwas ansehen, was wir eingangs nur gestreift haben. Ich versprach, dass es geklärt sein würde, bevor wir uns wieder verabschieden.

Was ist mit Menschen, die leiden oder Schmerzen haben, die unterdrückt werden und im Elend leben?

Die meisten positiven Denker und Vertreter der persönlichen Schöpfung wissen offenbar keine rechte Antwort auf die beißende Kritik, die bereits zitiert wurde.

Um es Ihnen in Erinnerung zu rufen:

... Aber das bei Weitem Anstößigste an dieser Botschaft ist für mich die Unterstellung, dass wir alles, was wir an Schmerzen erfahren, durch unsere Gedanken auf uns ziehen. Vergewaltigungsopfer in Darfur haben bestimmt nicht um dergleichen ersucht. Missbrauchte Kinder

haben so etwas nicht gewollt. Hungernde Afrikaner haben so etwas nicht gewollt.

Zu behaupten, sie hätten das durch „fehlerhaftes Denken" selbst auf sich gezogen, macht mich ganz krank ...

Aber wenn „falsches Denken" nicht die Ursache für all das ist, was dann? Schicksal?

Die Antwort kann nur lauten: Das Denken der Menschen ist die Ursache allen menschlichen Leidens, aber das ist natürlich nicht alles. Es ist nämlich nicht bloß das Denken der Betroffenen. Es ist das Denken aller.

Es trifft zu, dass viele leidende Menschen, die in ständigen Nöten oder bitterster Armut leben, dem Gedanken verfallen sind, ihre Lebensumstände seien „nun mal ihr Los". Sie beugen sich, sie geben auf. Sie haben friedlichen, gewaltfreien Widerstand als wirkungslos oder nicht möglich abgeschrieben und alles, was ihre Kultur oder Gesellschaft ihnen hinterlassen oder aufgedrängt hat, durch stillschweigende Duldung unwissentlich – ganz bestimmt nicht absichtlich – zum Dauerzustand werden lassen.

Und in gewisser Weise spielt das Denken dieser Leidenden, spielen ihre halb bewussten oder unbewussten Annahmen tatsächlich eine Rolle für ihre Lebensrealität. Kein Mensch *möchte* unter solchen Umständen leben. Dergleichen wird hier auf keinen Fall behauptet. Doch offensichtlich entspricht es auch nicht den Tatsachen, dass die Geistesverfassung der Menschen einer Gesellschaft nichts mit den Zuständen in dieser Gesellschaft zu tun hat.

Machen wir uns darüber hinaus klar, dass die Leiden ganzer Völker und Kulturen *sehr viel* mit dem kollektiven Bewusstsein all derer zu tun haben, die *nicht* in dieser Weise leiden. Unter denen gibt es nämlich sehr viele, die den Leiden der anderen einfach keine Beachtung schenken und gar nicht daran denken zu helfen, sofern sie nicht sogar sagen, diese Menschen seien selbst schuld an ihrem Schicksal und müssten deshalb auch selbst die Verantwortung für ihre Lebensumstände übernehmen.

Diese „Sollen sie doch Kuchen essen"-Mentalität zusammen mit der Hoffnungslosigkeit der Betroffenen schafft eine virtuelle *Denk-Mauer*, an der für jeden Einzelnen und jede Gruppierung schwer vorbeizukommen sein dürfte.

Wir müssen uns vor Augen halten, dass persönliche Schöpfung auf der kollektiven ebenso wie auf der individuellen Ebene wirksam ist, und genau davon ist hier die Rede. Es gibt so etwas wie ein kollektives Bewusstsein, und es hat immense Kraft und Einfluss. Die Summe der Gedanken vieler spielt eine deutliche Rolle für die Summe der Erfahrung Einzelner.

„Schicksal" ist der Grund dafür, dass Massen von Menschen leiden, während andere es nicht tun. Was wir „Schicksal" nennen, entsteht aus der Gesamtheit der Gedanken, die wir als Einzelne zu irgendeiner Sache haben. Für den Einzelnen in irgendeiner Gruppe oder Gesellschaft ist es sehr schwierig, wenn auch nicht unmöglich, sich über die Summe der Gedanken *innerhalb* dieser Gruppe oder Gesellschaft hinwegzusetzen – und die von *außen* kommenden Gedanken sind noch einmal etwas ganz anderes.

Manche haben dieses gewaltige energetische Hindernis überwunden und sich aller Wahrscheinlichkeit und allen Widrigkeiten zum Trotz und im Unterschied zu den meisten anderen zu großer Höhe aufgeschwungen. Es sind häufig die „Helden" einer Gesellschaft oder Kultur, denen wir Denkmäler errichten und nach denen wir Straßen und Brücken benennen und deren Konterfeis unsere Briefmarken und Banknoten zieren. Wo andere in ihrem Leid verharrten, schafften sie den großen Erfolg. Worin besteht der Unterschied? Wie kann das geschehen?

Nun, wie die Erfahrung immer wieder zeigt, hängt alles davon ab, wie diese Einzelnen denken. Irgendwie schafften sie es, eine „Idee", die sie von sich selbst hatten, gegenüber der Gesamtheit zu behaupten. Sie setzten sich gegen das in ihrer unmittelbaren Umgebung, aber auch weltweit herrschende und eigentlich *gegen* sie gerichtete kollektive Bewusstsein durch. Sie nutzten die Kraft ihrer persönlichen Entschlossenheit, ihres Engagements und dieser innersten Gewissheit ihrer selbst gegenüber allem und jedem um sie herum.

Daran ist wirklich nicht viel zu deuten. Fragt man solche Leute, geben die allermeisten genau diese Antwort. Das erzählen sie Schul- und Hochschulabgängern, zu deren Abschlussfeiern sie unweigerlich immer wieder für Ansprachen eingeladen werden. Jeder möchte wissen, wie sie es geschafft haben. *Wie lautet das Geheimnis ihres Erfolgs?*

Sehr wenige dieser Leute, wirklich nur ein minimaler Prozentsatz, werden Ihnen sagen: „Oh, ich hab gar nichts gemacht. Das Ganze hat nichts mit mir zu tun. Es war einfach ein Glücksfall." Aber die meisten werden sagen: „Eines muss völlig klar sein, nämlich dass jeder selbst seines Glückes Schmied ist."

Hat das etwas mit den Hungernden der Welt zu tun? Mit den Vergewaltigungsopfern in Darfur?

Ganz sicher nicht. Jedenfalls nicht in diesem engeren Sinne. Die Menschen brocken sich dergleichen nicht dadurch ein, dass sie sich so etwas vorstellen oder gezielt „falsch denken" und sich dadurch solchen Dingen aussetzen.

Andererseits trifft es wie gesagt zu, dass es in allen Gesellschaften Dinge gibt, die von manchen oder vielen gefürchtet werden. Unbewusst verweilen die Menschen bei solchen Ängsten, was dazu führen *muss*, dass sie manches von dem anziehen, was sie fürchten. Und so kann tatsächlich eine Art Kultur des Leidens entstehen. Aber das ist etwas anderes als die Unterstellung, diese Menschen führten ihre Probleme durch „falsches Denken" selbst herbei.

Auch für mich klingt das heuchlerisch und herzlos. Aber ich weiß auch, dass die Kraft des kollektiven Bewusstseins – vielleicht die stärkste schöpferische Kraft überhaupt – *jedes* individuelle Leben für unselige Erfahrungen und tragische Wechselfälle anfällig macht, und manche Menschen erliegen diesem Einfluss, obgleich das ganz sicher nicht ihre bewusste Wahl ist.

Kann das kollektive Bewusstsein also stärker sein als die individuelle bewusste Wahl? Ja. Muss das für jeden Einzelnen so bleiben? Nein.

Jesus selbst rief: „Mein Gott, mein Gott, warum hast du mich verlassen?" Nur wenigen ist jedoch bewusst, dass er in der Zeit seiner eigenen Leiden Worte des Alten Testaments sprach, das er natürlich gut kannte: Psalm 22, Vers 2.

Eben weil das kollektive Bewusstsein mit seiner Wucht das individuelle Bewusstsein überrennen kann, ist es so wichtig, dass kollektive Bewusstsein der Menschheit auf eine neue Stufe zu heben.

Das kann natürlich nur über die Erweiterung des individuellen Bewusstseins geschehen, und genau deshalb ist es gut und nicht etwa schlecht, die Menschen über die Prinzipien der persönlichen Schöpfung aufzuklären. Es stellt Bejahung dar und hat nichts Verneinendes. Es wäre besser, diese Bewegung zu fördern, anstatt sie abzulehnen oder lächerlich zu machen oder als falsch hinzustellen, nur weil irgendwer nicht gleich alles auf Anhieb versteht.

Wir wissen, dass selbst hohe spirituelle Meister nicht unbedingt ganz frei von den Wirkungen des Massenbewusstseins sind. Und ganz sicher sind die leidenden Menschen in Darfur, die Hungernden in der Welt, die misshandelten Kinder und all die anderen, denen großes Unrecht geschieht, nicht einfach „selber schuld".

Aber das ist ja auch gar nicht die Frage. Keiner, der persönliche Schöpfung lehrt oder über die Energie der Anziehung spricht, hat so etwas je auch nur angedeutet. (Es handelt sich um einen Pappkameraden, aufgebaut von denen, die persönliche Schöpfung und ihre Vertreter in Misskredit bringen möchten.) Nein, die Frage lautet, ob das göttliche Geschenk der persönlichen Schöpfung, das alle Menschen bekommen haben, zur Linderung ihrer Leiden dienen kann.

Natürlich kann es.

Jesus war dafür ein geradezu atemberaubendes Beispiel. Es kann kein Zweifel daran bestehen, dass er der Schöpfer und nicht das Opfer seiner Lebensumstände war. Sein Aufschrei zu Gott war ein Augenblick des Vergessens. Ich bin wirklich sehr froh, dass das in der Bibel festgehalten ist, denn es zeigt ja, dass selbst der größte aller Meister einen Augenblick des Vergessens kannte. Das gibt uns Hoffnung für unsere eigenen Augenblicke der Erinnerungsschwäche, in denen wir uns als Opfer und nicht als Urheber der Umstände sehen.

Jesus erhob sich gleich im nächsten Augenblick wieder zur Höhe seiner wahren Einsicht und besann sich auf die persönliche Schöpfung, um seinen Weg fortzusetzen. Das können wir auch. Selbst darin gab er uns ein Beispiel, dem wir nacheifern können. Und es hat im Verlauf der Geschichte andere gegeben, die uns in Zeiten größter Not solche Vorbilder gaben. Für unsere Zeit denke ich zum Beispiel an Nelson Mandela.

(Ich könnte mir vorstellen, dass es ihm etwas unangenehm ist, in einem Atemzug mit Jesus genannt zu werden – aber erinnert sein Umgang mit seinen Unterdrückern nichts zwangsläufig an Jesus? Und war es nicht so, dass er nicht nur seinem eigenen Volk, sondern der ganzen Welt ein Beispiel gab?)

Fragen wir jetzt also: Wenn alle Menschen so handeln könnten, sogar in ihrem Vergessen, weshalb tun wir es dann nicht? Sehen wir uns hilflos unserem Unvermögen ausgesetzt? Glauben wir, dass unser Leben und unsere Welt sind, wie sie sind, weil Gott es so will?

Wenn ja, dann irren wir uns gewaltig. Nicht weil Gott es so will, ist die Welt, wie sie ist, sondern weil wir es so wollen.

Wir!

Wäre es nicht so, könnten wir die Welt über Nacht ändern. Wir könnten Schmerz und Traurigkeit und Leid und alles, was angerichtet wurde, im Nu beseitigen und bereinigen. Wir würden Unterdrückung und Bedrückung so schnell aus der Welt schaffen, dass uns der Kopf schwirrt. Wir würden Armut, Hunger und Hoffnungslosigkeit mit einem Handgriff beenden.

Und wir *könnten* all das, wenn wir es wollten, wenn wir es wirklich wollten. Wir wollen es nicht wirklich, das ist die Sachlage. Einzelne schon. Aber als Kollektiv sind wir nicht bereit, *sonst würde es geschehen*.

Nichts von dem, was Menschen anderen Menschen antun, ist unmöglich von Menschen wieder gutzumachen. Das sollten wir alle stets vor Augen haben und als Devise des Mitgefühls und der Fürsorglichkeit auf unsere Fahnen schreiben.

Nichts von dem, was Menschen anderen Menschen antun, ist unmöglich von Menschen wieder gutzumachen.

Ich glaube daran, dass wir eines Tages mit Armut, Unterdrückung und Entmachtung Schluss machen werden – mit allem, was Menschen ihren Mitmenschen an Leid zufügen. Ich glaube sogar, dass es gar nicht mehr so weit hin ist. Ich denke, dass die Menschen all das bald überall mit aller Entschiedenheit einfordern werden, und zwar, weil mehr und mehr von uns wissen werden, was wir sind und wie wir das Leben auf dieser Erde haben möchten. Ich glaube, dass viele Einzelne diese spirituelle Revolution einleiten werden, indem sie einfach vorführen, dass es möglich ist, glücklicher als Gott zu sein.

Ich gehe noch weiter. Ich glaube, dass Menschen wie Sie – ja, Sie, der oder die Sie das hier jetzt lesen – bereit wären, diesen Prozess in Gang zu bringen, wenn Sie wüssten, dass es da einen Weg gibt.

Es gibt ihn.

26

Wie persönliche Schöpfung der ganzen Welt helfen kann

Der Sinn des Lebens und der Sinn der persönlichen Schöpfung ist der Gleiche. Nicht viele Menschen können das so unter einen Hut bringen, und nicht viele Lehrer der persönlichen Schöpfung heben es deutlich genug hervor.

Der Sinn des Lebens und der Sinn der persönlichen Schöpfung besteht darin, dass Sie und alle Menschen auf dieser Erde zur umfassendsten Erfahrung Ihrer selbst gelangen und glücklicher als Gott werden, um so die Evolution der Seele voranzutreiben – der individuellen Seele ebenso wie der Einen Seele.

Wir befinden uns hier auf einer Seelenreise, für die der Körper eine untergeordnete Rolle spielt. Sie hat ungefähr so viel mit Ihrem Körper zu tun wie das selbstgebaute Bücherregal, mit der dafür benutzten Säge und dem Hammer zu tun hat. Ihr Körper ist einfach ein Werkzeug, weiter nichts.

Mit diesem Werkzeug können Sie Ihren eigenen Launen nachgehen oder der Welt helfen. Es steht Ihnen frei.

Wenn Sie glauben, dass Sie Ihr Körper *sind*, werden Sie vermutlich Ersteres wählen. Gehen Sie aber davon aus, dass Sie Ihren Körper einfach nur *haben*, werden Sie sich vielleicht inspiriert fühlen, die zweite Wahl zu treffen.

Vergessen Sie also besser nie, wer Sie wirklich sind. Sagen Sie sich jeden Tag morgens, mittags und abends: „Ich bin nicht mein Körper. Mein Körper ist etwas, was ich habe, und nicht das, was ich bin."

Das hilft Ihnen, auf Ihre wahre Identität ausgerichtet zu bleiben, und dann wissen Sie immer, weshalb Sie hier sind, wozu Sie leben und worin Sinn und Zweck der persönlichen Schöpfung bestehen.

Es stimmt, dass der Prozess der persönlichen Schöpfung Ihnen alles Schöne im Leben bescheren kann, alles, was Sie sich nur wünschen können. Es stimmt auch, dass Sie sich durch das, was Sie als Ihre Wünsche benennen, definieren. Und es trifft zu, dass persönliche Schöpfung am besten und schnellsten funktioniert, wenn Sie auch anderen das wünschen, was Sie für sich selbst erleben möchten. Das liegt, wie ich weiter oben erklärt habe, am „Multiplikator-Effekt".

Wir gehen hier mit Energie um. Letzten Endes muss klar sein, dass wir auf allen Gebieten schlichtweg mit Energie hantieren. Gedanken sind Energie.

Dinge sind Energie. Gefühlsregungen, Empfindungen und Erfahrungen sind Energie. Gott ist Energie. Leben ist Energie, die einen Ausdruck gefunden hat.
Alles ist Energie.

Wenn Sie der ganzen Welt all das wünschen, was Sie selbst möchten – Frieden, Freude, Weisheit, Glück und Liebe –, multiplizieren Sie die Energie, die Sie aussenden.

Und wenn viele andere es mit Ihnen tun, wird es eine Multiplikation der Multiplikation. Ihr Wirkungspotenzial vergrößert sich exponentiell. Sie haben die Kraft Gottes buchstäblich nutzbar gemacht.

Und das ist wichtig, denn für die Aufgaben, vor die unsere Welt heute gestellt ist, gilt das Axiom:

Die Energie der Lösung darf nicht geringer sein als die Energie, die das Problem erzeugt.

Albert Einstein hat einmal gesagt, man könne Probleme nicht mit demselben Denken lösen, das sie hervorbrachte. Entsprechendes gilt auch hier: Es muss eine andere Energie sein, und sie muss die gleiche Intensität haben.

Es spielt keine Rolle, wie Sie die Instrumente nennen, mit denen Sie Energie von dieser Intensität erzeugen – Gebet, Meditation, positives Denken, persönliche Schöpfung, Mechanismus der Manifestation, die Formel, das Mysterium oder *The Secret* – gemeint ist immer dasselbe. All das gehört zu dem Prozess, der uns zu mehr Glück führt. All das ist das Wirken oder der intentionale Gebrauch dessen, was wir als den Prozess des Lebens selbst sehen können – es ist der Weg des Universums. So bewegt sich Gott.

Émile Coué nannte das „optimistische Autosuggestion". Seine berühmt gewordene Autosuggestion „Es geht mir mit jedem Tag in jeder Hinsicht besser und besser" dürfte das bekannteste Beispiel der Coué-Methode sein. (12)

Solche „Offenbarungen" haben *immer* etwas Sensationelles gehabt – wie eben *The Secret* in unseren Tagen. Doch dann wird es wieder still um die Sensation und die Welt kehrt zum Gewohnten und immer Gleichen zurück.

Immer wieder im Laufe der Geschichte hat sich die Menschheit an einem Funken Hoffnung aufgerichtet, nur um dann in Trübsal, Bangen, Gefühlaufruhr, Konflikte, Schmerz und Leid zurückzufallen. Die gegen neue Offenbarungen gerichteten Kräfte haben bis in unser „aufgeklärtes" Zeitalter hinein jede Lehre der persönlichen Ermächtigung bekämpft, und das immer zugunsten eines verordneten Gehorsams gegenüber den Herrschenden, insbesondere gegenüber Kirche und Staat.

So ist es immer gewesen, doch das kann sich ändern, nämlich wenn wir selbst die Position der „Herrschenden" einnehmen.

Wird die Menschheit das schaffen?

Ich glaube, ja. Und es wird geschehen, wenn die Kraft der Menschen („People-Power") und die Macht Gottes („God-Power") miteinander in Einklang sind, anstatt gegeneinander ausgespielt zu werden.

Ich werde oft gefragt: „Was kann ich zur Veränderung der Welt beitragen? Was kann *ein* Mensch ausrichten?"

Jeder Einzelne kann eine ganze Menge tun. Jeder kann seine Intention einsetzen und sie zu einer global wirksamen Größe ausweiten, und zwar durch simple Anwendung des Multiplikator-Effekts.

Hier ein paar Anregungen, wie Sie die persönliche Schöpfung und den Multiplikator-Effekt nutzen können, um Freude und Glück, Frieden und Wohlstand für alle in der Welt zu schaffen:

1 Ziehen Sie eine Schöpfung-für-die-ganze-Welt-Gruppe auf. Jede Wochen telefonieren Sie einmal zusammen (das heißt, die Mitglieder

können über die ganze Welt verstreut sein!) und richten Ihre gemeinsame Aufmerksamkeit drei Minuten lang mit klarer Intention auf etwas Bestimmtes aus, das Sie in der Welt verwirklicht sehen möchten. Das ist ein großartiger und sehr wirksamer Weg der Schöpfung für alle (und nicht bloß für einen selbst). Er bedient sich des Multiplikator-Effekts und kann in erstaunlich kurzer Zeit zu unglaublichen Resultaten führen.

2 Behalten Sie im Kopf: Kollektive Aufmerksamkeit und klare Intention sind hier entscheidend. Denken Sie also nicht einfach an irgendein Problem in der Welt. Denken Sie an die Richtung, die es nehmen soll und an das *Ergebnis*, das Sie anstreben. Ich nenne das intentionale Aufmerksamkeit. Und ich kann Ihnen aus persönlicher Erfahrung sagen, dass sie hochwirksam ist.

3 Fassen Sie kein zu allgemeines Ziel wie „Weltfrieden" oder „Wohlstand für alle" ins Auge. Richten Sie sich auf ein ganz bestimmtes Ergebnis aus. Sprechen Sie innerlich aus, wie sich das in der *Erfahrung* anfühlen wird. Stellen Sie es sich bildlich vor. Lassen Sie kleine Szenen wie Filmsequenzen vor dem inneren

Auge ablaufen. Geben Sie allen in Ihrer Gruppe die Anregung, es ebenfalls so zu machen. Es kann ein sehr interessantes Experiment sein, richtige Bilder von dieser Zukunft zu malen oder zu zeichnen. Das darf auch etwas sehr Einfaches mit Strichmännchen sein. Auch wenn Sie kein Künstler sind, werden Sie Ihre Visionen dessen, was Sie als Realität manifestieren möchten, irgendwie darstellen können. Sie können das auch als Collage aus Bildmaterial gestalten, das Sie in Zeitungen und Zeitschriften und anderswo finden und ausschneiden. Nehmen Sie zum Beispiel ein Foto von einem Festbankett, und schreiben Sie darunter: *Die Hungernden der Welt*. Solche Dinge *sind* wirksam. Sie geben Ihren Gedanken damit eine Ausrichtung und regen Ihr Fühlen an – Sie mobilisieren spirituelle Energie.

4 Ändern Sie Ihre Zielvorstellung nicht von Woche zu Woche, sondern bleiben Sie über eine Reihe von Gruppensitzungen bei der gleichen.

5 Wenn Sie Ihre Energiekonzentration zu einem bestimmten Anlass, etwa während einer Krise in der Welt, noch verstärken wollen, können

Sie Ihre Rundrufe natürlich mehr als einmal die Woche abhalten. Als Sponsor der Konferenzschaltung können Sie die Runde jederzeit einberufen. Wer gerade mitmachen kann, wird dabei sein, und wer gerade nicht kann, wird das nächste Mal dabei sein. Vertrauen Sie darauf.

6 Halten Sie bei sich zu Hause zweimal im Monat einen Kurs zum Thema „Schöpfung durch Ausrichtung" ab, oder lassen Sie eine Studiengruppe tagen. Geben Sie Ihre jetzt gewonnenen Informationen über *alle drei* Teile des „Geheimnisses" an andere weiter. (13) Natürlich können Sie in diesem Rahmen auch den Film *The Secret* zeigen. Weiten Sie Ihren Horizont dann auf andere Bücher zum Thema aus, darunter das, welches Sie gerade in den Händen halten, und andere, die ich hier erwähne.

7 Schließen Sie sich einer weltumspannenden Gemeinschaft an, in der es darum geht, die Kraft der Anziehung zu mehr als bloß persönlicher Bereicherung und Wunscherfüllung zu nutzen. (Eine Anregung dazu finden Sie im Nachwort.)

8 Tragen Sie sich auf meiner Website www.nealedonaldwalsch.com für den monatlichen Newsletter „Creating For All The World" ein, und schreiben Sie selbst Beiträge. Erzählen Sie der Welt von Ihren Erfahrungen mit der persönlichen Schöpfung – zu Ihrem eigenen Nutzen und für die Welt. Laden Sie andere überall auf der Welt ein, in diesen Prozess der Schöpfung durch Ausrichtung einzusteigen, damit alle so glücklich werden, dass sie es kaum aushalten: das Wunder, die Freude und das Glück der Gemeinschaft mit Gott durch persönliche Schöpfung.

9 Hören Sie sich die monatliche Telefonkonferenz an (Näheres unter der genannten Internetadresse), bei der alle Teilnehmer zunächst eine kurze Botschaft hören und Fragen dazu stellen können. Viele berichten darüber, wie sie Frieden, Harmonie, Freude, Wohlstand, Erfüllung und das Wunder der Selbstverwirklichung in das Leben anderer und ihr eigenes tragen.

Das sind nur ein paar der Dinge, die Sie tun können, um Ihre Arbeit mit der persönlichen Schöpfung auszuweiten und die „Anziehungskraft" zu dem werden zu lassen, was sie eigentlich ist: Das großartigste Mittel, das die Welt je gesehen hat, um auf der Welt Frieden zu stiften und im kollektiven Herzen der Menschheit Freude entstehen zu lassen.

Aber lassen Sie sich selbst nicht aus! Es ist vollkommen in Ordnung, sich selbst in den Kreis all der Menschen zu stellen, für die Sie Frieden, Wohlstand und Liebe verwirklichen möchten. Gestehen Sie sich zu, mit der Energie der Anziehung auch sich selbst all die Freude, all das Staunenswerte zu schaffen, was Sie sich nur ausdenken und wünschen können.

27

Glücklicher als Gott in 17 Schritten

So, wir haben jetzt ein tiefes Umfeld geschaffen, in dem wir uns die Schritte vergegenwärtigen können, die ich am Beginn unserer Betrachtungen angesprochen habe. Sehen wir uns also diese kraftvollen Schritte an, die Sie tun können, um Ihr Leben freudiger, friedlicher, befriedigender, aufregender, lebenswerter und *lustiger* zu machen.

Ich glaube, dass die gesamte Menschheit glücklicher als Gott sein kann. Dazu wird es nach der zweiten Reformation der Menschheitsreligionen kommen.

Nur Mut, das ist bereits unterwegs. Es wird schon bald geschehen. Mir wurde in einem Gespräch (14) mitgeteilt, dass es in 25 bis 30 Jahren so weit sein wird, je nach den Umständen auch früher.

Die Welt verliert allmählich die Geduld mit sich selbst. Den Menschen wird klar, dass unsere Vorgehensweise – unsere gemeinsame Schöpfung des Lebens auf der Erde – so nicht weitergehen kann. Und klar wird auch, dass unser untaugliches Verhalten von vielen unserer Grundanschauungen über Gott und das Leben herrührt. Sie können also in nicht allzu ferner Zukunft mit einem religiösen Umbruch rechnen: Religion wird sich in das verwandeln, was ich Neue Spiritualität nenne.

Bis dahin aber können Sie ganz persönlich sehr viel glücklicher werden, als Sie je gewesen sind – selbst wenn Sie bereits sagenhaft glücklich waren.

Hier die 17 Schritte, die dahin führen.

1. Beenden Sie die Trennungstheologie

Arbeiten Sie in Ihrem Leben und in Ihrem persönlichen Glauben darauf hin, dass alle Gedanken einer Trennung von Gott aufhören. Dieser „Theologie" müssen Sie sich einfach entledigen.

Trennungstheologie lehrt, dass wir „hier" sind und Gott „da drüben" ist. Nach dieser Doktrin hat Gott diese Trennung selbst vollzogen, um uns für unsere Sünden zu bestrafen, und jetzt ist es unsere Aufgabe, zu Gott zurückzufinden – was aber nur gehen wird, wenn Gott es zulässt, und das wiederum wird Gott nur tun, wenn wir Gottes Geboten folgen, uns an Gottes Gesetze halten und uns Gottes Willen unterwerfen. Kurz, wir müssen tun, was Gott will. (15)

Diese Trennungstheologie hat eine Trennungskosmologie hervorgebracht (eine Betrachtungsweise der Welt und des Lebens unter dem Grundgesichtspunkt der Getrenntheit), die wiederum eine

Trennungssoziologie bedingt (eine Betrachtungsweise der Gesellschaft, nach der wir alle so erzogen werden, dass wir uns für getrennt existierende Wesen halten, die am besten nur ihrem gesonderten Eigeninteresse dienen), welche schließlich eine Trennungspathologie hervorbringt (ein pathologisches Verhalten, das Leid, Konflikte, Gewalt und Tod durch eigene Hand begünstigt).

Unsere Trennungspathologie ist nur zu heilen, wenn Einigungstheologie an die Stelle der alten Trennungstheologie tritt. Wir brauchen die Einsicht, dass alles Leben Eins ist. Das ist Ihr erster Schritt und meiner auch. Es ist der Absprungpunkt. Es ist der Anfang vom Ende der herrschenden Verhältnisse. Es ist der Beginn einer neuen Schöpfung, Realisation der nächstgrößeren Ausprägung Ihrer höchsten Vision dessen, was Sie wahrhaft sind.

Die unausgesprochene Wahrheit macht uns klar, dass Einheit keine Eigenschaft des Lebens ist ... Leben ist vielmehr eine Eigenschaft des Einen.

Leben ist der *Ausdruck* des Einen. Leben und Gott sind eins. Einheit ist Gott und Leben. Es schließt sich zum Kreis.

Wenn wir das verstanden haben, sehen wir Gott in jedem und allem. Auch in uns selbst. Wir erkennen deutlich, dass wir Gott beim *Gottsein* sind: Gott im Akt der Neuerschaffung Gottes selbst. Gott evolviert wie das Leben. Gott bleibt nie gleich, sondern wird in jedem Augenblick mehr von dem, was Gott ist.

Gott ist jetzt mehr von allem, als Gott vor einer Sekunde war. Wenn wir unseren eigenen „Identitätsirrtum" aufgeklärt haben, wenn wir uns als das erkennen, was Gott *ist*, werden wir so glücklich wie Gott sein.

Und jetzt kommt es: Wenn wir mit „Gott" die kollektive Göttlichkeit und mit „Ich" eine individualisierte Erscheinungsform des Göttlichen meinen und wenn schließlich der Tag kommt, an dem Sie Ihr Bewusstsein auf eine Höhe gehoben haben, wo Sie glücklicher als die meisten anderen individualisierten Erscheinungsformen sind – nun, dann werden Sie glücklicher als „Gott" sein.

Die individuelle Erscheinungsform, die „Sie" sind, wird ein höheres Bewusstsein haben als die Gesamtheit aller individualisierten Ausdrucksformen des Göttlichen, die wir „Gott" nennen, ganz so, wie schon frühere Botschafter, Avatare und Meister (wie Buddha, Moses, Jesus, Muhammad) erlebt haben, dass sich ihr individuelles Bewusstsein über das kollektive Bewusstsein erhoben hat. Ihnen fiel dann die Aufgabe zu, das Niveau des kollektiven Menschheitsbewusstseins anzuheben, damit die Gesamtheit, die Gott ist, weiter evolvieren konnte – eine unendliche Weitung des Bewusstseins und des allumfassenden Selbstgewahrseins.

Genau das tun wir jetzt hier.

Alles Leben ist göttlich, und wenn wir es als etwas Göttliches behandeln, werden wir damit alles verändern. Denn wie sollte irgendeine individualisierte Ausprägung des Göttlichen je vollkommen glücklich sein können, solange noch irgendeine andere total unglücklich ist? Das ist nicht möglich. So werden wir uns denn gegenseitig auf diese Höhe heben, damit wir einer nach dem anderen schließlich erleben, was es heißt, glücklicher als Gott zu sein.

„Ich bin gekommen, damit sie das Leben haben und es in Fülle haben", hat ein Meister gesagt. Der Meister in Ihnen wird das eines Tages ebenfalls sagen. Und wenn die Welt so verwandelt wird, Mensch für Mensch, werden Kinder nicht mehr verhungern. Es wird nicht mehr Millionen Unterdrückte geben. Kein Land wird gegen ein anderes kämpfen. Kein Krieg mehr, wenn jeder jedem in seiner Göttlichkeit begegnet.

2. *Vergessen Sie nie, wer Sie sind*

Denken Sie immer daran, dass Sie nicht Ihr Körper sind, sondern eine Seele, die mit dem Körper auf einer Reise in die Freude ist. Ihre Seele ist für immer ein Teil Gottes. Sie und Gott sind Eins. Dann machen

Sie sich klar, was für Sie als individualisierte Ausprägung des Göttlichen hier und jetzt das Wichtigste ist. Behandeln Sie alles und jeden so, als würde das für Sie Wichtigste in vollkommener Weise zu allem anderen passen und wäre perfekt auf das Timing Ihrer Seele abgestimmt. In dem, was Sie wahrhaft *sind*, kann nichts Ihnen etwas anhaben und nichts fehlt Ihnen, um in diesem Hier und Jetzt Ihres ewigen Seins absolut glücklich zu sein.

Ich sage also: Sehen Sie sich als spirituelles Wesen mit einem Körper bei einer heiligen Mission der Selbstverwirklichung und Selbstschöpfung. Erkennen Sie zuerst, wer Sie wahrhaft sind, und dann erschaffen Sie sich neu als die nächsthöhere Annäherung an die umfassendste Vision, die Sie je von sich hatten. Ihre Aufgabe für alle Tage – und sie ist nicht so schwierig, wie sie zunächst erscheinen mag – ist dies: Erinnern Sie sich an Ihre wahre Identität. Erhalten Sie Ihre Identität. Erschaffen Sie Ihre Identität neu.

Erinnern Sie sich an Ihre Identität, was auch immer dagegen sprechen mag.

Erhalten Sie Ihre Identität auch dann, wenn sie durch die Umstände in Abrede gestellt erscheint.

Erschaffen Sie Ihre Identität neu, wie oft das Leben Sie auch zum Status quo überreden möchte.

3. Gewähren Sie anderen, was Sie selbst möchten

Ihre eigene Identität erhalten und bewahren, das geht am leichtesten und schnellsten, wenn Sie anderen Zugang zu ihrer Identität verschaffen. Allgemein: Zu jeder Erfahrung haben Sie am ehesten dann Zugang, wenn Sie anderen diesen Zugang eröffnen. Wenn Sie Ihr göttliches Selbst und Ihre wahre Identität erfahren möchten, dann ermöglichen Sie es am besten anderen, ihr göttliches Selbst und ihre wahre Identität zu erfahren.

Geben Sie die Menschen sich selbst zurück.

Das können Sie auf hundert Arten in Tausend Leben und Millionen von Augenblicken tun.

Was auch immer Sie selbst erfahren möchten, lassen Sie es zuerst andere erfahren. Wenn Sie Liebe möchten, sorgen Sie dafür, dass ein anderer geliebt wird. Wenn Sie materielle Fülle möchten, sorgen Sie dafür, dass ein anderer sie bekommt. Wenn Sie erfolgreich sein möchten, sehen Sie zu, dass ein anderer es wird. Wenn Sie Macht möchten, lassen Sie einen anderen machtvoll sein. Wenn Sie weise sein möchten, sorgen Sie erst einmal dafür, dass ein anderer es wird. Wenn Sie ein Liebesabenteuer erleben möchten, seien Sie zuerst darauf aus, dass ein anderer umschwärmt wird. Wenn Sie für sich Vergebung wünschen, ermöglichen

Sie es erst einem anderen, Vergebung zu erfahren. Wenn Sie Geborgenheit erleben möchten, verschaffen Sie zuerst einem anderen Geborgenheit. Wenn Sie sich vollkommene Partnerschaft wünschen, ermöglichen Sie einem anderen das Erlebnis einer solchen Partnerschaft. Wenn Sie Frieden möchten, sorgen Sie dafür, dass ein anderer in Frieden lebt.

Ich sage also: Persönliche Schöpfung beginnt am besten mit einem anderen Menschen. Konzentrieren Sie sich auf den anderen, immer auf den anderen, niemals zuerst auf sich selbst, dann wird sich das, was Sie selbst erfahren möchten, siebenfach verwirklichen. Wenn Sie etwas für sich erschaffen möchten, erschaffen Sie es für einen anderen. Hier wirkt die Kraft der Anziehung so durchschlagend wie sonst nie.

Der Grund: Was Sie einem anderen zukommen lassen, kommt Ihnen selbst zu, denn letzten Endes gibt es keinen anderen. Es gibt nur das Selbst. Wenn Sie das verstanden haben, wissen Sie alles, was Sie je wissen müssen, um glücklicher als Gott zu sein.

4. Nichts, was Sie sehen, ist real

Wir leben in einer Welt der Illusionen. (16) Sie werden Ihre wahre Beziehung zu allem in Ihrer Umgebung verstehen, wenn Sie sich als Zauberkünstler sehen, der seine eigenen Tricks betrachtet. Gönnen Sie sich das Vergnügen, das ein guter Zauberkünstler ruhig haben darf, aber vergessen Sie nie auch nur für einen Augenblick, dass all das nur Illusion ist. Und vergessen Sie vor allem nicht, dass *Sie* diese Illusion *erzeugen*. Sehen Sie also zu, dass Sie sich nie darin verlieren.

Ich sage also: Behalten Sie einen klaren Kopf, indem Sie sich bewusst machen, dass Sie Ihre Erfahrung stets und überall selbst erschaffen. Äußere Umstände mögen Ihnen in jeder erdenklichen Gestalt begegnen, aber wie Sie darauf reagieren, ist ganz und gar Ihre eigene Entscheidung. Sie erschaffen sich in dem Augenblick neu, in dem Sie frei und vollkommen bewusst Ihre Reaktion wählen. Das ist Ihr Augenblick der Kraft. Es ist der magische Moment, in voller Absicht herbeigeführt, in dem Sie als das, was Sie werden wollten, in Ihrer Erfahrung erscheinen. Sie entscheiden über sich und erleben sich daraufhin (aber im Grunde gleichzeitig) als das, was Ihre Intention war.

Was geschieht, ist einfach das, was geschieht, aber wie Sie das Geschehen jeweils erleben, liegt ganz bei Ihnen und ist Ihre eigene Schöpfung.

5. Sagen Sie sich: „Ich bin nicht meine Geschichte."

Um das jeweils Geschehende so zu erleben, dass Ihr Glück erhalten bleibt, werden Sie sich sehr wahrscheinlich von Ihrer Geschichte verabschieden müssen.

Ihre Geschichte besteht aus allem, was Sie den Ereignissen Ihres Lebens entnommen und was Sie daraus als die Realität Ihrer eigenen Person und anderer abgeleitet haben – einschließlich der Frage, wie Sie alle so geworden sind.

Ich zum Beispiel wurde einmal unter Wasser getaucht, als ich etwa acht Jahre alt war. Ich konnte damals noch nicht schwimmen und paddelte in einem aufgeblasenen Autoschlauch herum, als ein paar größere Raufbolde auf den Gedanken kamen, mich mitsamt meinem Reifen an einer Stelle umzukippen, an der ich nicht stehen konnte. Sie wussten nicht, dass ich nicht schwimmen konnte, aber *ich* wusste es, und ich werde nie das eisige Erschrecken vergessen, das sich sehr schnell in wilde Panik verwandelte, während ich hilflos mit den Armen ruderte und nach Luft rang. Viele Jahre habe ich mich nicht mehr ins Wasser getraut oder nur so weit, dass ich immer Boden unter den Füßen hatte.

Wir alle haben solche Geschichten zuhauf. Große und kleine Vorfälle, wie sie im Laufe eines Lebens vorkommen. Und wir werden irgendwie die Summe dieser Erlebnisse. Es sei denn, wir werden es nicht. Irgendwann fangen wir an, von unseren Vorstellungen über uns selbst und andere loszulassen, weil wir merken, dass es uns wichtiger ist, irgendwie mit unserem Leben weiterzukommen.

Glück finden Sie nie in Ihrer Geschichte. Sie finden es nur in Ihrer aktuellsten und großzügigsten Sicht Ihrer selbst und anderer. Da werden Sie sich wohl im Hinblick auf so manches in Ihrer Vergangenheit sagen müssen: „Das war damals, und das hier ist jetzt." Nichts von all dem Vergangenen hat irgendetwas mit dem zu tun, was jetzt passiert.

Ein Junge hat eine herrische, fordernde, kritiksüchtige Mutter gehabt, der man nie etwas recht machen konnte. Mit 18 verlässt er sein Elternhaus und baut sich sein eigenes Leben auf, in dem er ganz gut zurechtzukommen scheint. Mit 23 verliebt er sich und heiratet. Ein paar Monate später macht seine Frau ihn auf etwas aufmerksam, was sie ein wenig stört (irgendeine Kleinigkeit, zum Beispiel, dass er den Verschluss der Zahnpastatube nicht wieder zuschraubt). Sie erwähnt es nur so nebenbei, und ihm platzt augenblicklich der Kragen: „He, kannst du vielleicht mal aufhören, mich herumzukommandieren? Lass mich einfach in Ruhe, ja!" Sie sieht ihn mit großen Augen an. Was ist denn *jetzt* los?

Es ist ein automatisches Reagieren. Aber die Aufforderung zur Verwandlung kann natürlich nur aus dem *schöpferischen* Anteil Ihrer selbst kommen. Sie sind aufgerufen, sich völlig neu zu erschaffen, so, wie Sie sein möchten, und nicht so, wie Sie immer gewesen sind – auch dann, wenn Sie aus gutem Grund immer so gewesen sind.

Hier ist wichtig zu wissen, dass Ihr Unterbewusstsein nicht zwischen damals und jetzt unterscheiden kann. Es hält seine „Informationen" an einer Stelle bereit, an der keine Zeit existiert. Deshalb kann Ihnen der kalte Schweiß ausbrechen, wenn Sie von etwas träumen, das 20 Jahre zurückliegt. Ihr Unterbewusstsein (das übrigens auch die meisten Körpersysteme steuert) weiß nicht, dass es sich nur um eine Erinnerung handelt und das Erinnerte nicht wirklich jetzt geschieht.

Re-agieren ist genau das, was das Wort besagt: Wieder so agieren wie schon zuvor. Das ist der sichere Weg ins Unglück, denn Glück ist Schöpfung, nicht Reaktion.

Ich sage also: Das Leben lädt Sie ein, sich und Ihren jeweiligen Augenblick so zu erleben, wie Sie sich und ihn erleben möchten, *und nicht so, wie Sie sich und ihn immer erlebt* haben.

Sie sind aufgerufen, Ihre bisherige Identität abzulegen, Ihre alten Vorstellungen von sich selbst aufzugeben und sich zu sagen, dass Ihr Leben gerade neu angefangen hat (zumindest im Hinblick auf Ihre wichtigsten Einsichten, nämlich wer Sie sind und wie es um Sie bestellt ist). Manche nennen das: neu geboren werden.

6. Nur Vorlieben, keine Abhängigkeiten

Viele Menschen machen sich dadurch unglücklich, dass sie das Leben einfach nicht so zu akzeptieren bereit sind, wie es sich ihnen zeigt. Nichts ist je gut genug, niemals ist irgendwas ganz recht. Sie sind wie die Prinzessin auf der Erbse und finden einfach alles irgendwie unbehaglich – ihre Lebensumstände, ihr Lebensumfeld, die Menschen ringsum. Nichts funktioniert, nichts ist gut genug, schnell genug, groß genug. Das Wetter mag sein, wie es will, diese Leute finden immer etwas daran auszusetzen. Sie können sich nie einfach über das freuen, was da ist; sie reiten immer auf dem herum, was fehlt.

Etwas zu begrüßen oder an ihm herumzumäkeln, das steht jeden Augenblick zur Wahl. Wählen Sie Ersteres, und Sie werden immer Grund zum Lächeln haben. Es ist nämlich tatsächlich möglich, glücklicher als Gott zu sein, und zwar dadurch, dass Sie nicht fordern, die Dinge mögen anders sein, als sie gerade sind.

Was nicht heißen soll, dass Sie nie etwas verändern würden. Aber Sie machen Ihr Glück nicht davon abhängig, dass sich eine gewünschte Veränderung einstellt. Wir sprechen davon, dass Sie Abhängigkeiten aufgeben und dann nur noch schlichte Vorlieben haben.

Wenn Ihnen eine Schale Vanilleeis angeboten wird, Sie aber die Sorte Schokolade lieber mögen, ist es vollkommen in Ordnung (und gesund außerdem), Ihre Vorliebe zu äußern: „Oh, vielen Dank, das ist sehr nett. Aber darf ich fragen, ist vielleicht auch Schokoladeneis im Haus? Das mag ich nämlich am liebsten, um ehrlich zu sein."

Solch eine ehrliche Antwort kann dazu führen, dass Sie das Gewünschte wirklich bekommen. Schlimmstenfalls ist tatsächlich nur Vanilleeis da, und auch das ist gut, schließlich ist Schokolade ja nur Ihre Vorliebe und keine Sucht.

Sie können immer leicht feststellen, ob Sie von etwas abhängig sind oder es lediglich vorziehen: Fragen Sie sich, ob das Nichtvorhandensein Sie veranlasst, Ihr Glück preiszugeben. Deshalb geht es im Leben darum, Abhängigkeiten in Vorlieben zu verwandeln. (17) Und das ist sehr einfach: Sie machen sich ganz ehrlich klar, wie viel Ihnen wirklich fehlen würde, wenn Sie das, was Sie haben möchten oder zu brauchen glauben nicht gleich bekommen. Das ist oft erheblich weniger, als Sie gedacht hätten.

Ich sage also: Es gibt, solange Sie leben, immer etwas, worüber Sie sich freuen können. Das Glas lieber halb voll als halb leer sehen – das ist nicht bloß ein markiger Spruch. Es ist der Schlüssel zu dauerhaftem Glück.

Wenn Sie einmal lange genug aus Ihrer Geschichte aussteigen und einen unvoreingenommenen Blick riskieren, wenn Sie also dem Leben eine faire Chance geben, wird Ihnen auffallen, dass das Leben so gut wie immer alles bereitstellt, was Sie brauchen, um zufrieden und in Frieden *zu sein.*

Das Umdenken ist hier wirklich nicht schwierig. Denken Sie einfach anders über das, was Sie eben jetzt brauchen. Eigentlich brauchen Sie nämlich gar nichts. „Bedürfnis" ist eine der „Zehn Illusionen" der Menschheit. Illusion heißt: nicht real. Sie werden diesen Gedanken möglicherweise nicht ganz mühelos in Ihrer Lebenswirklichkeit unterbringen, aber vielleicht fällt es Ihnen nicht ganz so schwer einzuräumen, dass so manches von dem, ohne das Sie nicht auszukommen glaubten, in Wirklichkeit gar nicht zwingend notwendig war. Wenn etwas davon fehlte, konnten Sie trotzdem existieren *und sogar lächeln, lachen und glücklich sein.*

„Zwingender Bedarf" ist auch eine der „Zehn Illusionen" (die komplette Liste finden Sie im „Postskript" am Ende des Buchs). Diese Illusion besagt, dass es etwas gibt, was Sie unbedingt haben müssen, um leben zu können. Aber es gibt nichts, was Sie unbedingt haben

müssen, außer eben dem, was Sie jetzt gerade haben, und das ist das Selbst, wie es wahrhaft ist. Sie können nicht sterben, Ihr Leben kann nicht enden. Sie sind Leben an sich, manifest geworden. Wenn Sie das verstanden haben, fürchten Sie den Tod nicht mehr, und dann fürchten Sie auch das Leben nicht mehr. Außerdem werden Sie nie wieder irgendetwas Bestimmtes so dringend brauchen, dass es Sie aufwühlt und fast um den Verstand bringt. Das ändert alles.

7. Sehen Sie die Vollkommenheit

Sehen Sie alles als das, was es ist: das vollkommene Ereignis zum vollkommen richtigen Zeitpunkt, damit Sie die vollkommene Gelegenheit haben, auf vollkommene Weise das zum Ausdruck zu bringen, was Vollkommenheit schlechthin ist. Und im Hinblick auf Sie persönlich ist Vollkommenheit das Selbst, das Sie durch eigene Wahl sind und nun darbieten und erleben.

Die meisten Menschen können das nicht so sehen und bestreiten es sogar, aber es ist die Wahrheit über Sie, und Gott weiß das. Ich habe durch meinen direkten Austausch mit Gott gelernt, dass ich so, wie ich bin, ganz und vollständig und vollkommen bin. Und Sie sind es ebenfalls.

Es gilt für alle, Heilige und Sünder, Engel und Schurken. In Gottes Welt gibt es weder Sünder noch Schurken. Es gibt nur individualisierte Ausprägungen des Göttlichen, von denen manche vergessen haben, wer sie in Wahrheit sind.

In jedem goldenen Augenblick des Jetzt und allem, was er hat und bietet, liegt die Chance, uns zu erinnern, was wir in Wirklichkeit sind, und es dann wirklich und sichtbar zu leben. Wir haben Ewigkeit und Unendlichkeit zur Verfügung, um uns so zu erkennen und dann als die nächsthöhere Gestaltung der größten Vision unserer selbst neu zu erschaffen.

Das nennen wir Evolution. Es ist Gott beim Gottsein.

Ich sage also: Verurteilen und verdammen Sie weder die Menschen noch die Ereignisse, mit denen Sie das Leben konfrontiert, sondern bleiben Sie getrost in dem Bewusstsein, dass Sie all das auf sich ziehen, um das Potenzial des Lebens auszuschöpfen, sein Versprechen zu erfüllen, seinen Sinn und Zweck zu leben.

Shakespeare schrieb einmal: „Nichts ist böse, solange es das Denken nicht dazu macht." Er meinte damit ganz allgemein: Alles ist das, was Sie darin sehen. Und damit halten wir den Schlüssel zum Reich Gottes in der Hand.

8. Meiden Sie unnötige Dramatik

Alles hat immer nur die Bedeutung, die Sie ihm beimessen. Wenn Sie im Stress sind oder etwas Sie aufregt, können Sie sich das immer leise wiederholen: *Alles hat immer nur die Bedeutung, die ich ihm beimesse.*

Diese Formulierung der Aussage Shakespeares habe ich erstmals in *Ein Kurs in Wundern* gelesen. Es sind zehn Worte, die Ihre gesamte Lebenserfahrung umkrempeln können. Sie graben aller Dramatik das Wasser ab. Sie können inneren Aufruhr und seelische Nöte glatt halbieren oder gar nicht erst aufkommen lassen.

Prägen Sie sich diese zehn Worte ein, und machen Sie sie zu Ihrem Mantra für Tage, an denen alles schiefzugehen scheint – im Beruf, in der Beziehung, überall da, wo Sie alles so sorgfältig aufgebaut und arrangiert haben. Sagen Sie sich auch, dass das Leben oft gerade dann zu seiner eigentlichen Gestalt findet, wenn es in Trümmer zu fallen scheint.

Wenn ich als Kind über irgendetwas aus dem Häuschen geriet, sagte meine Mutter: „Wie wichtig wird das wohl noch sein, wenn du 90 bist?" Das bremste mich dann ein wenig in meiner emotionalen Zügellosigkeit und verhinderte ein „Durchdrehen", das niemandem nützte, am wenigsten mir selbst.

Mama sagte: „Wenn du meinst, dass du mit 90 im Schaukelstuhl auf der Veranda sitzen und dich immer noch aufregen wirst, dann reg dich meinetwegen jetzt auf. Wenn es dir dann immer noch Kopfzerbrechen bereiten wird, dann zerbrich dir ruhig jetzt den Kopf. Wenn nicht, wozu dann? Lass es los."

Wie ich diese Worte liebe! Lass ... es ... los.

Lass ...

Es ...

Los ...

Einfach atmen und loslassen.

Ich sage also: Lassen Sie sich nicht von jedem ersten Anzeichen von etwas Negativem in den „Reaktionsmodus" versetzen. Scheuen Sie keine Mühe, um sich im Raum des „Schöpferischen" zu halten. Was Sie gerade sehen, ist vielleicht nichts weiter als ein Stadium Ihrer persönlichen Schöpfung, in dem sich das Gesetz der Gegensätze bemerkbar macht. Sehen Sie zu, dass Sie irgendwie in die Zone der Dankbarkeit kommen ... und schrecken Sie dazu auch vor Humor nicht zurück. Selbstironie ist nach meiner Erfahrung der kürzeste Weg. Es ist wirklich absolut das beste Mittel. Wenn ich Aufregung dämpfen und unnötige Dramatik in meinem Leben abkürzen möchte, brauche ich nur über mich selbst zu lachen. Eine bessere Medizin gibt es nicht.

9. Wissen, was Traurigkeit ist

Traurig ist nicht dasselbe wie unglücklich. Während der Arbeit an diesem Buch starb mein Hund. Lady hatte mich 14 Jahre lang begleitet. In ihrem letzten Jahr litt sie unter zunehmenden Schmerzen, durch verschiedene Gebrechen bedingt. Gegen Ende war sie stocktaub und konnte kaum noch gehen. Während der allerletzten Tage war sie nicht einmal mehr in der Lage, sich zu erheben.

Ich war traurig, als sie starb, aber nicht unglücklich. Verstehen Sie den Unterschied?

Er ist alles andere als unerheblich.

Ich war traurig darüber, dass Lady nicht mehr bei mir war, aber froh, dass sie keine Schmerzen mehr leiden musste. Und ich war sehr glücklich, dass sie ihre Reise fortsetzen und ihren Weiterführungstag feiern konnte.

Außerdem war ich froh über meine Traurigkeit. Meine Traurigkeit sagte mir etwas über mich, nämlich dass es Dinge in meinem Leben gibt, die mir am Herzen liegen, dass ich liebe, dass ich Mensch bin und Mensch geblieben bin in dieser Welt, in der Abstumpfung die Regel geworden zu sein scheint.

Ja, ich war *glücklich* über meine Traurigkeit und das, was sie mir über mich sagte, über das, was ich bin. Es war gut, traurig zu sein.

Traurigkeit muss Sie nicht unglücklich machen. Sie markiert die Stelle, an der Sie sich auf dem Weg Ihrer Evolution befinden und kann Ihnen einfach die Tiefe Ihres Empfindens bestätigen: Sie zeigt Ihnen, wer Sie als Person und als spirituelles Wesen sind.

Wenn also jemand stirbt, gestatten Sie sich zu trauern. Wenn jemand Sie kränkt, seien Sie ruhig traurig. Und vor allem, wenn Sie selbst jemanden gekränkt haben, ist es gut, neben Ihrem Bedauern auch die Traurigkeit zuzulassen. Lassen Sie Ihre Traurigkeit zu, und Sie werden sehr schnell aus allem, was Sie Ihre wahre Identität vergessen machen möchte, wieder auftauchen.

Ich sage also: Traurigkeit muss Sie nicht davon abhalten, glücklicher als Gott zu sein – glücklicher, als Sie einmal waren. Glück ist etwas Kumulatives. Es wird immer größer, je mehr Sie davon fühlen. Ich bin jetzt glücklicher als an den Tagen bevor Lady sich zum letzten Mal hinlegte. Ich bin glücklicher als mit 50, glücklicher als mit 30, ja, glücklicher, als ich es je in diesem Leben gewesen bin.

Und ich habe gelernt, wie ich meiner Traurigkeit in meinem Glück Raum lassen und sie zum Bestandteil meines Glücks machen kann. Glücklich, so viel habe ich gelernt, bin ich dann, wenn ich das Leben mit allem, was es mit sich bringt, in meine Arme schließe.

10. Streiten Sie nicht länger mit dem Leben

Wenn wir in unserem Leben einen Mangel an Glück zu beklagen haben, liegt es sehr oft daran, dass wir so viel urteilen. Beurteilen wir nicht so gut wie alles? Die Menschen ringsum, die Umstände, die sie uns bereiten, die Ereignisse des Augenblicks und natürlich uns selbst.

Manche lassen sich keine Gelegenheit zum Urteilen entgehen. Da scheint das Leben selbst auf der Anklagebank zu sitzen – und zwar ständig.

Besonders bemerkenswert finde ich an den meisten Urteilen, dass die Leute keine objektiven Maßstäbe anlegen, um zu ihren Bewertungen zu kommen. Sie nehmen einfach frühere Erlebnisse oder ihre eigenen Vorstellungen oder ihre Geschichte her, um danach über andere zu befinden.

Es scheint ihnen nie aufzufallen, dass möglicherweise mit ihrem Maßstab etwas nicht stimmen könnte. Ich beobachte das um mich herum so oft, dass ich mich nicht guten Gewissens davon ausnehmen kann. Deshalb habe ich mich ehrlich um Selbstreflexion anstelle der Beurteilung anderer bemüht.

Wenn ich versucht bin, zu urteilen, blicke ich nach innen und versuche, mich zu erinnern, wann *ich* einmal so gehandelt habe, wann *ich* einmal eine derartige Situation ausgelöst habe und wie es dazu kam, dass *ich* solche Fehler gemacht habe. Dann öffnen sich plötzlich die Schleusen des Mitgefühls, das alle Urteile wegschwemmt und *Verurteilungen* unmöglich macht.

Ich sage also: In einem liebenden Herz ist kein Platz für Urteile. Aber denken Sie daran: Klares Sehen ist noch nicht Verurteilung; eine Bemerkung bedeutet noch nicht, dass Sie urteilen. Es ist sehr gut, wenn Sie die Dinge auseinanderhalten können; es ist völlig natürlich, etwas zu bemerken und sogar eine Feststellung zu machen. Aber eine Feststellung sagt einfach, was ist. Ein Urteil sag: „So nicht."

Urteilen Sie vor allem nicht über sich selbst. Gott verurteilt Sie nicht. Jetzt nicht und niemals. Das ist die Wahrheit hinter der Wahrheit. Das ist, was nicht ausgesprochen werden kann. Es ist die Blasphemie der Blasphemien. Urteil und Verdammung gehören zu den „Zehn Illusionen" der Menschen. Sie sind einfach nicht real.

11. Lassen Sie alle Erwartungen fallen

Nichts steht dem dauerhaften Glück mehr im Weg (dem kurzfristigen übrigens auch) als Erwartungen. Lassen Sie alle Erwartungen fallen, am besten jetzt gleich, und greifen Sie nie wieder danach, um wen oder was es auch gehen mag.

Wie irgendetwas Ihrer Meinung nach sein „sollte", vergessen Sie es einfach. Es gibt kein „sollte". „Sollte" ist ein menschliches Gedankengebilde ohne Grundlage in der wahren Wirklichkeit. Es ist nämlich so, dass all die Wechselfälle und Kursänderungen, die uns immer wieder von dem Weg abbringen, den wir unserer Meinung nach nehmen sollten, in Wahrheit keine Abwege sind. Sie bringen uns vielmehr am schnellsten dahin, wo wir sein wollen. Wir würden diesen Weg sonst nicht nehmen.

Trauen Sie Gott einfach zu, dass Gott weiß, was Gott tut. Das Leben ist eine Verschwörung *zu Ihren Gunsten*. Ihre Erwartungen sind lediglich Ihre Vorstellung von etwas, und diese Vorstellung kann einfach nicht die vielschichtige Verflochtenheit all der Lebensreisen berücksichtigen, die wir alle miteinander oder nacheinander unternehmen: die mitschöpferische, kollektive Erfahrung der als Vielheit manifestierten Einen Seele.

Es geht hier also mehr vor, als ohne Weiteres zu erkennen ist. Und es gibt nicht nur eine einzige Tagesordnung. Es geht zwar in allem letztlich um ein und dasselbe, aber die Abläufe können sehr verschieden sein. Halten Sie sich das immer vor Augen, und Sie werden merken, dass alles Festhalten an Erwartungen nur den vollkommenen Plan stört, an dem ja *alle* Spieler auf dieser Bühne des Lebens beteiligt sein sollen.

Ich sage also: Mit Erwartungen ziehen Sie dem Grenzen, was Sie unter Vollkommenheit verstehen, und eben diese Grenzziehung schränkt Sie beim Erschaffen des Vollkommenen ein. Erwarten Sie also nichts, und nehmen Sie alles so, wie es kommt. (18)

12. Haben Sie Verständnis mit sich

Geben Sie sich nicht die Schuld an unerfreulichen Erfahrungen, denen Sie vielleicht gerade ausgesetzt sind, auch nicht dann – nein, vor allem dann nicht –, wenn Sie meinen, Sie hätten so etwas „verdient" oder „selbst auf sich gezogen". Bringen Sie Mitgefühl und Verständnis für sich auf, und sagen Sie sich, dass Gott Sie mit der Fähigkeit ausgestattet hat, sich, Ihre Motive, Ihr Verhalten, Ihre Lebensumstände und Ihr Leben überhaupt *jetzt gleich* zu ändern.

Halten Sie sich bewusst, dass Sie nicht Ihre Vergangenheit sind, nicht einmal das, was Sie gestern, ja vor einer Minute waren. Lassen Sie jeden neuen Tag, jede neue Stunde, jeden neuen Augenblick ein Anfang sein. Und sollte es der letzte Augenblick Ihres Lebens sein, ist es trotzdem nicht zu spät, Ihre neue und noch größere Identität anzunehmen und zu füllen.

Ich sage also: Transformation ist ein Augenblicksereignis, das uns jede Sekunde offensteht und immer erreichbar ist. Das Leben fängt neu an, wenn Sie es sagen. Seien Sie also freundlich mit sich. Küssen Sie Ihre (eingebildeten) Makel, Mängel und Minderwertigkeiten weg, und vergessen Sie nie: Wenn Sie sich sehen könnten, wie Gott Sie sieht, würden Sie oft lächeln.

13. Sprechen Sie Ihre Wahrheit immer gleich aus

Die größten Lektionen meines Lebens haben mit der Wahrheit zu tun. Es gibt keine objektive absolute Wahrheit, aber es gibt eine subjektive Wahrheit, nämlich das, was *für Sie* wahr ist, und diese Wahrheit spielt in Ihrem Leben eine entscheidende Rolle.

Leben Sie authentisch, seien Sie ganz Sie selbst, denn wenn Sie nur zur Hälfte zu sehen sind, wenn Sie nur die Hälfte von sich äußern und folglich nur zur Hälfte bekannt sind, ist Ihr Unglück praktisch garantiert.

Halten Sie mit Ihrer persönlichen Wahrheit, Ihren wahren Gefühlen, mit allem, was Sie hier und jetzt bewegt, vor niemandem hinter dem Berg, am allerwenigsten vor den Menschen, die Ihnen am nächsten sind.

Das sind ja interessanterweise die Menschen, vor denen wir oft am meisten verbergen. Es geschieht meist, weil wir sie nicht kränken wollen. Vielleicht sogar, weil wir fürchten, sie zu verlieren.

Wir halten sie, indem wir sie im Ungewissen, im Dunkeln lassen und ihnen nicht alles sagen, was wir so sehen, wie wir es sehen. Das ist das genaue Gegenteil dessen, was uns wirklich nützen würde, und trotzdem leben wir wie Einsiedler mit unseren unter Verschluss gehaltenen wahren Gefühlen, Hoffnungen, Ängsten und Wünschen. Aber das ist eigentlich kein Leben, sondern ein Sterben.

Es ist ein langsamer, aber sicherer Tod. Eines Morgens wachen wir auf und fühlen uns einfach nicht mehr lebendig.

Sprechen Sie also Ihre Wahrheit aus, sobald sie Ihnen bekannt ist. Reden Sie sich nicht ein, Sie würden anderen etwas ersparen, wenn Sie sich zurückhalten oder das für sich behalten, was Sie bewegt. Von einem wunderbaren Meister habe ich dies gelernt: Sprich deine Wahrheit aus, aber bette deine Worte in Frieden. Mit freundlichen Worten lässt sich sogar die schwierigste Wahrheit mitteilen. Tu es. Glaub nicht, dass du anderen etwas ersparst, wenn du deine Wahrheit zurückhältst. Du tötest sie nur auf Raten. Es ist unehrlich und hinterhältig, wenn du das tust.

Ich sage also: Wenn Sie glücklicher als Gott sein möchten, ist Wahrhaftigkeit der Weg. Sagen Sie jedem und zu allem die Wahrheit, und wenn Sie Ihre Wahrheit dann jederzeit und in jeder Hinsicht leben, wird Ihr

Herz immer glücklich sein, denn die Wahrheit verleiht dem Geist Flügel, sie befreit den Verstand, sie öffnet das Herz – Wahrheit entfacht die Leidenschaft der Seele und lässt ihre Liebe frei.

14. Achten Sie auf Energien und Schwingungen

Achten Sie auf die Energien, die Sie umgeben. Lauschen Sie. Erspüren Sie die Schwingung. Sie können die Energien in drei Formen wahrnehmen: Sie können sie sehen, hören und spüren.

Sichtbare Energie heißt *Licht*. Hörbare Energie ist *Schall* oder *Laut*. Und die Energie, die Sie spüren, nennen wir *Fühlen*.

Das Fühlen ist die Sprache der Seele.

Achten Sie also auf die Energien des Lebens. Sie empfangen und senden sie ständig. Stehen die Energien, die Sie senden, in Resonanz mit denen, die Sie empfangen?

Glück ist die höchste Form der Resonanz. Das ist eine spannende Sache, denn es bedeutet ja, dass Glück nicht irgendwie zufällig vom Himmel fällt, sondern etwas ist, was wir *erschaffen* können.

Dazu brauchen Sie nur eine Resonanz zwischen Ihrem Inneren und dem Äußeren aufzubauen. Zum Beispiel können Sie die Energie der Kleidung, die Sie heute tragen, auf Ihre derzeitige Gemütslage abstimmen. Das tun Sie sogar automatisch. Sie können die Energie dessen, was Sie essen, auf die jeweilige Energie Ihres Körpers abstimmen.

Das sind einfache Beispiele. Sie werden lernen, auf sich selbst zu hören. Erspüren Sie Ihre Eigenschwingung und meiden Sie alle wichtigen Tätigkeiten oder Begegnungen, bei denen keine Resonanz entsteht, weil die Schwingungen nicht zusammenpassen.

Ich kann mir keinen Film ansehen, ich kann keine Musik hören, ich kann nichts essen oder tragen oder sagen oder auch nur denken, wenn ich nicht in Resonanz damit bin.

Sie können das fühlen. Sie können mit der Hand über Nahrungsmittel fahren und buchstäblich spüren, was gut für Sie ist. Sie können Leute und Orte und Farben spüren, Sie können *alles* spüren, wenn Sie nur acht geben. Achten Sie auf Ihre äußere Erfahrung, achten Sie auf Ihre innere Erfahrung. Vergewissern Sie sich, dass Sie mit den Menschen, Orten und Dingen ringsum in Resonanz sind.

Und lauschen Sie. Einfach lauschen. Wissen Sie, dass Sie Menschen glücklich machen können, wenn Sie ihnen nur aufmerksam zuhören? Und wissen Sie, dass Sie sich selbst damit auch glücklich machen? Zuhören ist eine der erfüllendsten Formen der Liebe. Beiderseits ungemein bereichernd und die reine Freude.

Versuchen Sie, alles aufzunehmen, was sich in Ihrem unmittelbaren Umfeld abspielt. Sehen Sie zu, ob Übereinstimmung zu spüren ist. Wenn Sie Unvereinbarkeit oder Missklang spüren, entziehen Sie sich dem.

Ich sage also: Halten Sie sich an diesen Schritt, und Ihre Glückswahrscheinlichkeit erhöht sich beträchtlich. Sie müssen sich mit nichts abfinden, nur um nicht anzuecken. Achten Sie auf die Energie, nehmen Sie die Schwingung auf, und wenn sie zu dem passt, wer Sie sind und wer Sie sein wollen, lassen Sie sich zur gemeinsamen Schöpfung auf sie ein. Tritt dieser Einklang nicht ein, ziehen Sie sich schlicht zurück. Nicht abrupt, nicht brüsk, nicht urteilend, sondern ebenso sanft, liebenswürdig, unauffällig und freundlich wie entschieden. Reden Sie sich nicht ein, dass Sie schon irgendwie damit zurechtkommen. Suchen Sie ein anderes Umfeld.

Wenn Sie lernen, auf die Energien und Schwingungen des Lebens zu achten, werden Sie vielleicht Ihre Ernährung, Ihre Lektüre, Ihre Fernseh- und Kinogewohnheiten, Ihre Kleidung, Ihre Sprechweise und sogar Ihren Umgang ändern.

Begrüßen Sie solche Veränderungen. Sie sind Schritte auf dem Weg zur Freude.

15. Lächeln Sie

Vielleicht finden Sie das albern, aber es ist eins der wirkungsvollsten Mittel, die mir je untergekommen sind. Lächeln Sie jeden Tag fünfmal, grundlos. Und lächeln Sie ganz bestimmt übers ganze Gesicht, wenn ein Anlass besteht.

Es gibt Leute die nie oder nur ausnahmsweise lächeln. Selbst wenn sich der ganze Raum vor Lachen biegt – sie können einfach nicht lächeln. Vielleicht sind sie nur sehr befangen, und vielleicht tragen sie einen großen Schmerz in sich. Man muss allerdings wissen, dass Lächeln beides heilen kann. Ein Lächeln muss nicht unbedingt eine Reaktion sein. Man kann bewusst und gezielt lächeln. Dann ist das Lächeln ein schöpferischer Akt und daher ein sehr wirkungsvolles Mittel.

Seien Sie jemand, dem das Lächeln locker sitzt und der andere daran teilhaben lässt. So bringen Sie Licht in Ihr Leben und das der Leute um Sie herum. (19)

Ich sage also: Lächeln Sie mehr! Ein Lächeln verändert wirklich die Schwingung Ihres Körpers und in ganz physiologischem Sinne auch seine Chemie. Es werden Endorphine freigesetzt, die der Gesundheit sehr dienlich sind. Wussten Sie das? Überprüfen Sie es selbst. Es ist wissenschaftlich belegt. Es ist so.

Und wenn das schon etwas befremdlich für Sie war, dann sehen Sie sich mal den nächsten Punkt an.

16. Singen Sie

Ja, wirklich, ich möchte, dass Sie mir versprechen, mindestens einmal am Tag zu singen. Versprochen? Das wird alles ändern. Wer übellaunig ist, kann nicht singen. Aber noch wichtiger: Wer singt, kann unmöglich weiterhin schlechte Laune haben.

Singen Sie morgens unter der Dusche. Singen Sie Ihrer oder Ihrem Geliebten leise ins Ohr. Und im Park singen Sie ruhig lauter. Dann sehen Sie zu, wie sich alles aufhellt. Beobachten Sie, wie sich hier und da ein Lächeln zeigt. Glauben Sie, irgendwer könnte jemandem widerstehen, der singt? Und glauben Sie, die Welt könnte?

Singen verbindet Kopf und Herz, Herz und Seele. Singen Sie deshalb. Trauen Sie sich!

Ich sage also: Die Mittel, mit denen wir Glück erzeugen können, sind so simpel, von so schlichter Eleganz. Und wir haben sie immer greifbar. Wovon ist denn die Rede? Geben, Beobachten, Zuhören, Fühlen, Lächeln, Singen. Meine Güte, alles kostenlos!

17. Sie müssen wissen, was im Ernstfall zu tun ist

Es gibt natürlich Zeiten, wo es ganz schlimm kommt. Da kann man positiv denken, so viel man will, es hilft nichts. Die Dinge liegen nun mal, wie sie liegen. Da ist nichts zu beschönigen, da ist nichts wegzudiskutieren, Sie können es nicht ändern.

Was jetzt, was jetzt ...?

Zuerst einmal: Leisten Sie keinen Widerstand. Was Sie wegschieben wollen, bleibt. Das Nächste wird sehr seltsam klingen: Segnen Sie es. Segnen Sie all die Leute und Ereignisse, die Sie enttäuschen, die Sie belagern, die Sie von allen Seiten mit Pfeilen unter Beschuss nehmen.

Zuerst müssen Sie die Energie annehmen und bejahen, erst dann können Sie etwas zum Besseren wenden. Halten und heilen. Denken Sie immer daran: Nur was Sie halten, können Sie auch heilen. Halten Sie also das, was Ihnen begegnet, halten Sie es in den Armen, begegnen Sie ihm mit liebevoller Freundlichkeit, segnen Sie es – und dann schicken Sie es weiter.

Und vergessen Sie nicht, dass innere Umstände niemals durch äußere *geschaffen* werden. Die Umstände können noch so schlimm werden, Ihr Herz, Ihr Geist, Ihre Seele werden davon nicht berührt, es sei denn, Sie *glauben* das.

Sie gestalten Ihre Erfahrung immer selbst.

Das ist kein aus der Luft gegriffenes, unerreichbar hohes Ideal, sondern Realität: Viele Menschen haben vorgelebt, dass es für uns alle möglich ist. Es wäre unmöglich, all die Menschen zu nennen, die große Schwierigkeiten und Nöte durchgestanden haben und trotzdem niemanden verdammten oder angriffen, sondern anderen vorlebten, was Frieden ist.

Und das sind alles Menschen wie Sie und ich. Sie ließen sich durch nichts aus der Bahn werfen, weder durch körperliche Schmerzen noch durch seelische Misshandlungen, noch durch persönliche oder berufliche Niederlagen und anderes. Nelson Mandela habe ich bereits erwähnt. Ein weiteres Beispiel ist Christopher Reeve, dessen steile Schauspielerkarriere abrupt endete, als er vom Pferd stürzte und fortan vom Hals abwärts gelähmt war. Es gibt viele Beispiele dieser Art. Wie haben die Menschen das geschafft?

Irgendwie fanden sie in sich den Mut, einfach weiterzugehen, was auch immer ihnen begegnen mochte. Sie entschieden selbst, in welchem Licht sie die Dinge sehen wollten, und so erlebten sie die Umstände dann auch: Sie formten ihre Erfahrung zu etwas um, woran sie wachsen und woraus sie sogar noch Gewinn ziehen konnten.

Ich selbst habe ein Jahr meines Lebens draußen als Obdachloser zugebracht, nachdem ich durchs soziale

Netz gefallen und buchstäblich völlig mittellos war. Aber diese Erfahrung hat mich gelehrt, dass dieses Universum ein freundlicher Ort ist, dass Gott mir immer zur Seite steht und dass ich in den Irrungen und Wirrungen meines Lebens nie allein dastehe.

All das lässt mich das Leben heute viel gelassener sehen. Ich sage mir, dass alles immer zum Allerbesten geschieht, und ich glaube es. Und ich habe zwei Gebete, die ich besonders liebe. Hier das erste:

Lieber Gott, ich danke dir heute für alles, was es in meiner Welt und in meinem Leben gibt. Ich lasse mein Herz in dem Wissen Ruhe finden, dass ich doch noch erleben werde, wie Schmerz zu Freude, Kummer zu Erleichterung und Tod zu immerwährendem Leben werden.

Und das zweite:

Danke, Gott, dass du mich verstehen lässt, dass dieses Problem bereits für mich gelöst ist.

Wenn das so klingt, als wäre ich jemand, der immer cool bleibt, kann ich Ihnen versichern, dass dem nicht so ist. Ich weiß nur, dass ich hier auf einer Reise bin, die letztlich nichts mit meinem Körper, aber dafür alles mit meiner Seele zu tun hat. So gehe ich einfach den Heimweg weiter in dem Wissen, dass jeder Schritt mich der wunderbaren, endgültigen Wiedervereinigung mit Gott entgegenführt, mich zu Frieden und Freude und Liebe ohne Ende bringt.

Ich sage also: Gott ist bei Ihnen bis ans Ende aller Zeit. Und wenn Sie die allzeit gegenwärtige Liebe Gottes spüren – in sich und als das, was Sie sind –, werden Sie glücklicher sein, als Sie es je waren.

28

Sie sind dabei, eine Revolution einzuleiten

Wir stehen vor einem Morgen, das sehr aufregend zu werden verspricht. Es ist eine noch nicht einmal erträumte Zukunft, weil bis jetzt noch nicht von ihr geträumt worden ist. Jetzt träumen wir sie und sehen sie als Vision vor uns, und so kann sie jetzt ins Werk gesetzt werden. Bisher haben bei Weitem nicht genügend Menschen diese Vision gehabt, um sie in die Realität herüberzuziehen. Das ändert sich jetzt.

Ein weltweiter Wandel hat eingesetzt. Wir sehen uns anders, wir erleben uns anders, wir suchen andere Ausdrucksformen unserer selbst. Wir lassen das alte Denken – nämlich dass wir zu tun haben, was die Herrschenden und Autoritäten sagen – hinter uns und entdecken das neue Denken, das besagt, dass wir selbst die Autoritäten sind.

Viel ist bereits über diese Bewegung des Neuen Denkens geschrieben worden. Es wurde bisher hauptsächlich belächelt, wenn nicht sogar lächerlich gemacht und als Randerscheinung dargestellt. Jetzt zeichnet sich ab, dass es sich in Wirklichkeit um den nächsten großen Schritt in der Evolution der Menschheit handelt.

Die Bewegung des Neuen Denkens ist ein grundsätzliches Umdenken, eine neue Sicht unserer selbst und der anderen, des Lebens und Gottes. Wir *gebrauchen* unser Denkvermögen anders, nämlich als Instrument für die Schöpfung unserer Realität.

So hat die Menschheit das noch nie gesehen, jedenfalls nicht die gesamte Menschheit. Ja, Einzelne haben auch früher schon so gedacht. Zu allen Zeiten gab es ein paar wenige oder auch kleine Gruppen, die ihre Gedanken als Schlüssel zur Zukunft erkannten. Aber *wie* die Kraft der Gedanken anzuwenden ist, das blieb ein sorgsam gehütetes Geheimnis, über das die Mächtigen und Einflussreichen wachten, damit das Wissen nicht unters Volk geriet und die wenigen ihre Macht womöglich an die vielen abgeben mussten.

Im Laufe der letzten etwa hundert Jahre – ein Augenblick, wenn wir unsere gesamte Geschichte auf diesem Planeten betrachten – hat sich nun eine grundlegende Veränderung angebahnt und nimmt ihren Lauf wie ein abwärts rollender Schneeball.

Ich habe gesagt, dass unser Bewusstsein vom Prozess der persönlichen Schöpfung nie zuvor so weit verbreitet war wie heute. Ich möchte hinzufügen, dass dieser

Ausbreitungsprozess noch nicht abgeschlossen ist. Unser Wissen, das Menschheitswissen, um die persönliche Schöpfung nimmt exponentiell zu. Um eine Zahlenanalogie zu nehmen: Es breitet sich nicht gemäß der Reihe 1-2-3-4-5 aus, sondern gemäß der Reihe 2-4-8-16-32. Und wenn Information sich in dieser Geschwindigkeit ausbreitet, wird *Evolution* zu *Revolution*.

Genau das geschieht eben jetzt vor unseren Augen.

Wir, die wir in dieser erstaunlichen Zeit leben, sind Zeugen einer Revolution des menschlichen Bewusstseins und der Selbsterfahrung des Menschen. Und wir sind nicht nur Zeugen, wir *erzeugen* diese Revolution.

Wie ich hier schon mehrfach erwähnt habe, wird an der persönlichen Schöpfung und ihren Anwendern und Lehrern immer wieder kritisiert, dass die Verbreitung und die Praxis allzu sehr auf persönlichen Nutzen abgestellt seien. Solchen Kritikern fehlt es aber einfach nur an Geduld. Alle von der Menschheit entdeckten und entfesselten Kräfte – sei es das Feuer, die Kernkraft oder das Denken – sind anfangs für nicht ganz so hohe Zwecke verwendet worden. Es liegt im Wesen der Evolution, dass sich die Dinge vom eher Beschränkten zum Umfassenden entwickeln.

Sicher, Einzelne werden mit diesen neuen Instrumenten eine Weile herumspielen und dabei vielleicht wirklich nur an sich selbst denken. Aber trauen Sie der Menschheit ruhig etwas mehr zu. Was jetzt noch Herumprobieren ist, wird bald kollektive Anwendung von etwas sein, was wir dann als die gewaltigste aller je von Menschen entdeckten Kräfte verstehen werden.

Und dann wird sich herausgestellt haben, was Menschsein wirklich beinhaltet: nicht bloß die Fähigkeit, die äußere Realität wahrzunehmen und zu erkennen, sondern die Kraft, sie zu erschaffen.

Es wird den Menschen nicht entgehen, was das ganz Besondere an der persönlichen Schöpfung ist, nämlich dass sie für die gesamte Menschheit etwas zu leisten vermag. Filme wie *What the Bleep Do We Know?* und *The Secret*, Bücher wie *The Law of Attraction* und dieses hier sagen uns Dinge über das, was wir wahrhaft sind und was unsere Welt wahrhaft ist; Dinge, die nie zuvor so klar ausgesprochen und von so vielen gehört worden sind.

Bald wird jeder auf der Welt wissen, worin die großen Prinzipien des Lebens bestehen, wie sie wirken, wozu sie erschaffen worden sind und was sie zur Veränderung der Welt beitragen können.

Dann werden wir uns selbst unsere Göttlichkeit offenbart haben und sie erfahren. Die unausgesprochene Wahrheit wird überall hörbar geworden sein.

Was für ein Segen! Denn von da an werden wir das sein, wovon dieses Buch erzählt: ...

glücklicher als Gott.

Nachwort

Wenn Sie sich einer globalen Gemeinschaft anschließen möchten, die den Prozess der persönlichen Schöpfung anwendet, um Frieden in die Welt zu tragen und den Wohlstand, den dieser Frieden unweigerlich mit sich bringen wird, für alle Menschen der Welt verfügbar zu machen, dann sehen Sie sich doch einmal die Möglichkeiten an, die sich auf meiner Website bieten:

www.nealedonaldwalsch.com

Wenn Sie mehr über M. Claire, Amerikas junge poetische Stimme, hören möchten, besuchen Sie:

www.mclairepoet.com

Segen sei mit allen Völkern
und mit Ihnen.

Postskript:
Die „Zehn Illusionen"
der Menschen

Das Folgende ist ein Auszug aus meinem Buch *Gemeinschaft mit Gott.*

Den Schöpfer kannst du in dir, aber auch überall ringsum finden. Dazu musst du jedoch an den Illusionen der Menschen vorbeiblicken. Du musst sie ignorieren.

Und dies sind die „Zehn Illusionen". Mach dich gut mit ihnen vertraut, damit du sie auch erkennst, wenn sie dir begegnen:

1. Es gibt Notwendigkeiten.

2. Es gibt Misserfolg.

3. Es gibt Uneinigkeit.

4. Es gibt Mangel.

5. Es gibt Anforderung.

6. Es gibt Verurteilung.

7. Es gibt Verdammung.

8. Es gibt Bedingtheit.

9. Es gibt Überlegenheit.

10. Es gibt Unwissenheit.

Die ersten fünf sind physische Illusionen, die mit dem Leben in einem Körper zu tun haben. Die zweiten fünf sind metaphysische Illusionen im Zusammenhang mit nichtphysischen Realitäten.

Es handelt sich um zehn sehr einflussreiche Illusionen, die ihr in der frühesten Phase eurer Erd-Erfahrung erschafft. Daneben gibt es Hunderte kleinere Einbildungen, die ihr jeden Tag erzeugt. Weil ihr an sie glaubt, habt ihr eine „Kultur-Geschichte" geschaffen, durch die ihr auf diese Illusionen „einsteigt" und sie real macht.

Und das tut ihr schon sehr lange.

Eine „Kultur-Geschichte" in diesem Sinne ist eine Geschichte, die über Jahrhunderte und Jahrtausende von Generation zu Generation weitergegeben wird. Es ist die Geschichte, die ihr euch über euch selbst erzählt.

Da eure Kultur-Geschichte auf Illusionen beruht, produziert sie Mythen, aber kein Verständnis der Realität.

Die Kultur-Geschichte der Menschen sieht so aus:

1. Gott hat Vorhaben.
   (Es gibt Notwendigkeiten.)

2. Wohin das Leben geht, ist fraglich.
   (Es gibt Misserfolg.)

3. Ihr seid von Gott getrennt.
   (Es gibt Uneinigkeit.)

4. Es ist nicht genug vorhanden.
   (Es gibt Mangel.)

5. Es gibt etwas, das ihr tun müsst.
   (Es gibt Anforderung.)

6. Wenn ihr es nicht tut, werdet ihr bestraft.
   (Es gibt Verurteilung.)

7. Die Bestrafung besteht in ewiger Verdammnis. *(Es gibt Verdammung.)*

8. Liebe ist folglich bedingt.
   (Es gibt Bedingtheit.)

9. Die Bedingungen zu kennen und zu erfüllen macht euch überlegen.
   (Es gibt Überlegenheit.)

10. Ihr wisst nicht, dass es sich hierbei um Illusionen handelt. *(Es gibt Unwissenheit.)*

Diese Kultur-Geschichte ist euch so nachdrücklich eingeimpft worden, dass ihr sie jetzt voll und ganz lebt. Und dann sagt ihr euch gegenseitig: „So ist es nun mal."

Das sagt ihr euch nun seit Jahrhunderten. Jahrtausend für Jahrtausend sogar. So lange schon, dass sich um diese Illusionen und Geschichten Mythen gerankt haben. Die gängigsten dieser Mythen sind auf sehr handliche Nenner gebracht worden, zum Beispiel:

1 Dein Wille geschehe.

2 Überleben des Stärkeren.

3 Dem Sieger fällt die Beute zu.

4 Du bist in der Erbsünde geboren.

5 Der Sünde Sold ist der Tod.

6 Mein ist die Rache, spricht der Herr.

7 Unwissenheit ist ein Segen. Was ich nicht weiß, macht mich nicht heiß.

8 Das weiß Gott allein.

... und viele andere, die genauso destruktiv sind und von denen niemand etwas hat.

Auf der Grundlage dieser Illusionen, Geschichten und Mythen, die alle nichts mit der wahren Wirklichkeit zu tun haben, denken sehr viele Menschen so über das Leben:

„Wir werden in eine feindliche Welt hineingeboren, in der ein Gott das Sagen hat, der mit lauter Sachen daherkommt, die wir tun sollen, und anderen, die wir lassen sollen, und der uns mit immerwährenden Qualen bestrafen wird, wenn wir das alles nicht richtig auf die Reihe bekommen.

Unsere erste Erfahrung im Leben ist die Trennung von unserer Mutter, der Quelle unseres Lebens. Das färbt bereits unsere gesamte Wirklichkeit und setzt sie in einen Zusammenhang, in dem wir sie als Trennung vom Ursprung allen Lebens erfahren.

So sind wir nicht nur von allem Leben getrennt, sondern auch von allem *im* Leben. Alles Existierende existiert getrennt von uns, und wir sind von allem anderen Existierenden getrennt. Wir möchten das nicht, aber es ist nun mal so. Wir wünschten, es wäre anders, und wir streben sogar nach diesem Anderssein.

Wir würden gern wieder das Einssein mit allen Dingen und vor allem das Einssein untereinander erleben. Wir wissen nicht genau, warum, aber es scheint beinahe instinkthaft zu sein. Es fühlt sich ganz natürlich an. Nur scheint leider nicht genügend von diesem Anderen da zu sein. Es scheint, dass wir von diesem Anderen, was es auch jeweils sei, einfach nicht genug bekommen können.

Wir können nicht genug Liebe bekommen, wir können nicht genug Zeit bekommen, wir können nicht genug Geld bekommen – wir können nie genug von dem bekommen, was wir zu brauchen glauben, um glücklich und zufrieden zu sein. Kaum glauben wir, genug zu haben, schon wünschen wir uns wieder mehr.

Und da nie genug von dem da ist, was wir zu brauchen glauben, um glücklich zu sein, müssen wir ‚Sachen' machen, um uns so viel zu verschaffen, wie wir nur bekommen können. Überall müssen wir Anforderungen erfüllen, um etwas zu bekommen, sei es Gottes Liebe oder von der natürlichen Fülle des Lebens. Bloßes Lebendigsein genügt nicht. Deshalb sind *wir selbst*, wie alles Leben, *nicht genug*.

Und da unser bloßes Sein nicht ausreicht, gibt es Sachen, die wir zu tun haben. Diejenigen, die ‚das Richtige' machen, bekommen all die Dinge, die sie brauchen, um glücklich zu sein. Wenn du nicht das Richtige machst, und zwar richtig, kannst du nicht ‚gewinnen'. So fängt der Konkurrenzkampf an. Es gibt einfach von nichts genug, deshalb müssen wir um alles kämpfen.

Um alles. Sogar um Gott.

Und es ist ein harter Wettbewerb. Es geht ja ums Überleben. Bei diesem Wettkampf überleben nur die Stärksten. Der Sieger bekommt die ganze Beute.

Wenn du ein Verlierer bist, lebst du schon auf Erden in der Hölle, und wenn du stirbst und auch im Wettbewerb um Gott nicht das Rennen machst, durchlebst du wieder die Hölle – nur diesmal für immer.

Gott hat den Tod nämlich erschaffen, weil unsere Vorfahren ein paar schwere Fehler begingen. Adam und Eva besaßen das ewige Leben im Garten Eden, doch dann aß Eva die verbotene Frucht vom Baum der Erkenntnis des Guten und Bösen und wurde zusammen mit Adam von einem zornigen Gott aus dem Garten vertrieben. So zornig war Gott, dass er über die beiden und alle ihre Nachkommen für alle Zeit die Strafe des Todes verhängte. Fortan würde alles körperliche Leben und überhaupt alles im Leben von begrenzter Dauer und nicht mehr immerwährend sein.

Aber Gott wird uns das immerwährende Leben zurückgeben, wenn wir seine Gesetze nie mehr brechen. Gottes Liebe ist bedingungslos, nur sein Lohn ist an Bedingungen gebunden. Gott liebt uns selbst dann, wenn Er uns der immerwährenden Verdammnis überantwortet. Es schmerzt Ihn noch mehr als uns, denn eigentlich möchte Er, dass wir heimkehren, aber solange wir uns nicht benehmen, kann Er nichts machen. Es liegt an uns.

Es kommt also darauf an, nicht ungehorsam zu sein. Wir müssen ein ordentliches Leben führen. Wir müssen uns darum bemühen. Um das zu können, müssen wir wissen, was Gott von uns will und was nicht. Wie sollen wir es Ihm recht machen und Ihn nicht erzürnen, wenn wir nicht zwischen richtig und falsch unterscheiden können? Deshalb müssen wir die Wahrheit darüber kennen.

Die Wahrheit ist leicht herauszufinden und zu verstehen. Wir brauchen nur den Propheten zu lauschen, den Lehrern, den Weisen, dem Ursprung und Stifter unserer Religion. Wenn es mehr als eine Religion und deshalb mehr als einen Ursprung und Stifter gibt, müssen wir gut acht geben, dass wir uns die richtige Religion heraussuchen. Wer die falsche Wahl trifft, steht wieder auf der Verliererseite.

Wählen wir die richtige Religion, sind wir überlegen, besser als andere, weil wir dann die Wahrheit auf unserer Seite haben. Und mithilfe unseres „Besserseins" haben wir Anspruch auf die meisten anderen Trophäen, ohne dafür eigens ins Rennen gehen zu müssen. Wir rufen uns einfach als Gewinner des Wettkampfs aus, bevor er auch nur angefangen hat. In diesem Bewusstsein können wir uns alle Vorteile zuschanzen und die Regeln des Lebens so abfassen, dass es für gewisse andere so gut wie unmöglich ist, an die richtig fetten Trophäen heranzukommen.

Das tun wir nicht etwa aus niederer Gesinnung, nein, wir wollen nur unseren Sieg sicherstellen, schließlich steht er uns zu, denn im Besitz der Wahrheit sind die, welche sich zu unserer Religion, unserer Nationalität, unserer Rasse, unserem Geschlecht und unserer politischen Überzeugung zugehörig fühlen, und ihnen gebührt der Sieg.

Und weil uns der Sieg gebührt, haben wir das Recht, anderen zu drohen, gegen sie zu kämpfen, und sie notfalls zu töten, damit das richtige Ergebnis herauskommt.

Es mag sein, dass es eine andere Lebensweise gibt, dass Gott etwas anderes im Sinn hat, eine andere, umfassendere Wahrheit, aber wenn es sie gibt, kennen wir sie nicht. Es ist nicht einmal ausgemacht, dass wir sie überhaupt kennen *sollen*. Möglicherweise sollen wir gar nicht erst versuchen, diese Wahrheit zu erkennen, geschweige denn Gott wahrhaft zu erkennen und zu verstehen. Schon der Versuch ist Anmaßung, und wer sagt, es sei ihm gelungen, ist ein Gotteslästerer.

Gott ist der unerkannte Erkenner, der unbewegte Beweger, das große Unsichtbare. Folglich können wir die Wahrheit nicht erkennen, die wir aber erkennen *müssten*, um die Bedingungen zu erfüllen, die wir zu erfüllen *haben*, um die Liebe zu empfangen, die wir empfangen *müssen*, wenn uns die Verdammnis erspart bleiben soll, der wir zu entgehen *versuchen*, um das immerwährende Leben zu erhalten, das wir hatten, bevor das hier alles anfing.

Unsere Unwissenheit ist eine dumme Sache, sollte aber letztlich kein Problem sein. Wir nehmen einfach das bisschen, was wir vielleicht doch wissen – unsere Kultur-Geschichte – für bare Münze und gehen entsprechend vor. Das haben wir ja alle schon so versucht, jeder nach seinen eigenen Überzeugungen, und davon haben wir das Leben, das wir jetzt führen und die Realität, die wir auf der Erde erschaffen haben und erschaffen.

So legt es sich der größte Teil der Menschheit zurecht. Ihr habt alle eure kleinen Abwandlungen, aber so lebt ihr im Großen und Ganzen, so rechtfertigt ihr euer Vorgehen und so rationalisiert ihr das, was dabei herauskommt.

Manche von euch akzeptieren das nicht in allen Teilen, aber ihr alle akzeptiert Teile davon. Und ihr akzeptiert diese Aussagen als die Realität, ‚wie sie nun mal ist', nicht weil sie eurem innersten Wissen entsprechen, sondern weil irgendwer euch gesagt hat, dass sie wahr sind.

Vielleicht kostete es euch Mühe, das zu glauben.

Es nennt sich Schein und Vorspiegelung.

Nichts davon entspricht der Wirklichkeit.

Fußnoten

Kap. 5

(1) Seite 34: Stephen Simon, Koproduzent von *Hinter dem Horizont*, aber auch bei vielen anderen Filmen, von denen Sie vielleicht gehört haben, mitverantwortlich zum Beispiel für *Bill und Teds verrückte Reise durch die Zeit*.

Kap. 13

(2) Seite 86: In *Gemeinschaft mit Gott*, einem Buch aus der Reihe *Gespräche mit Gott*, wird uns die Vorgehensweise mitgeteilt.

(3) Seite 87: Wer mehr darüber wissen möchte, dem empfehle ich das Buch *Das holographische Universum* von Michael Talbot. Dieses außergewöhnliche Buch gewährt uns aus naturwissenschaftlicher Sicht Einblicke in den Scheincharakter der Welt, in der wir leben.

(4) Seite 87: Die spirituelle Perspektive ist in *Ein Kurs in Wundern* nachzulesen, wo es heißt: „Nichts, was ich sehe, ist wirklich."

(5) Seite 88: Norman Vincent Peale, ein in den 1940er und 1950er Jahren sehr populärer christlicher Geistlicher, hat darauf bereits in seinem Buch *Die Kraft des positiven Denkens* hingewiesen. Ebenso James Allen in seinem zum Klassiker gewordenen Buch *Heile deine Gedanken*.

(6) Seite 89: Das ist nirgendwo klarer dargestellt als in *Das Handbuch zum Glücklichsein* von Ken Keyes. Dieses unglaublich aufschlussreiche Buch, geschrieben von einem an den Rollstuhl gefesselten Querschnittsgelähmten, hat mein Leben verändert. Seine Aussage, auf einen kurzen Nenner gebracht, lautet: Dass man von einer Person, einem Ort oder einer Erfahrung abhängig

ist, erkennt man daran, dass man meint, man könne ohne diese Person, diesen Ort oder diese Erfahrung nicht glücklich sein.

Das Buch ist schon etwas älter, aber noch lieferbar. Es zeigt, wie man „Abhängigkeit" zu „Vorliebe" mildern kann, und gehört sicher zu den erstaunlichsten Büchern, die je über Glück geschrieben wurden.

Kap. 15

(7) Seite 104: Dieser Aspekt der persönlichen Schöpfung wird auf andere und vielleicht direktere Weise in den Büchern der *Gespräche mit Gott* angesprochen. Auf diesen Büchern beruht das, was ich hier sage. Wie manche von Ihnen vielleicht wissen, bin ich der Autor dieser Texte, die mein Verständnis des Lebens und seiner Abläufe vollkommen verändert haben. Sie enthalten die „Geheimformel", und sie enthalten auch die unausgesprochene Wahrheit.

Kap. 17

(8) Seite 114: Das habe ich in meinen Gesprächen mit Gott getan, und manches, was ich in diesem Kapitel sagen werde, kann man in meinen Büchern aus der Reihe *Gespräche mit Gott* in allen Einzelheiten nachlesen. Wenn Sie eines dieser Bücher oder vielleicht mehrere gelesen haben, wird Ihnen das Folgende vertraut sein. Sehen Sie es mir bitte nach, wenn ich hier für Leser, die meine früheren Bücher nicht kennen, manches wiederhole. (Und ich darf vielleicht anmerken, dass es nicht schadet, noch einmal einen Blick in diese Bücher zu werfen.)

(9) Seite 120: Die *Gespräche mit Gott* machen ganz klar, dass Ihr Weiterleben nie in Frage steht, und das letzte Buch dieser Reihe, *Zuhause in Gott: über das Leben nach dem Tode,* spitzt das noch weiter zu, indem es genau erklärt, was auf der ewigen Reise der Seele geschieht.

Kap. 20

(10) Seite 139: Ein Film mit eben diesem Titel, *The Secret*, kam voriges Jahr heraus und verbreitet sich jetzt über die ganze Welt.

Kap. 23

(11) Seite 164: Émile Coué, Norman Vincent Peale und Harold Sherman haben es uns schon vor vielen Jahren nahezubringen versucht, Esther und Jerry Hicks sagen es heute (und auch schon etliche Jahre), Wayne Dyer teilt es uns mit, die *Gespräche mit Gott* haben es auf so leicht zugängliche und fesselnde Art vermittelt.

Kap. 26

(12) Seite 187: 1913 gründete Coué seine eigene Schule der angewandten Psychologie, und sein Buch *Die Selbstbemeisterung durch bewusste Autosuggestion* war eine Sensation, als es 1920 in England und zwei Jahre später in den Vereinigten Staaten erschien.

(13) Seite 191: Den dritten Teil, „Wie", finden Sie sehr schön dargestellt in Esther und Jerry Hicks' wunderbarem Buch *The Law of Attraction: das kosmische Gesetz hinter „The Secret"*, das Sie auch als Textgrundlage nehmen können.

Kap. 27

(14) Seite 196: Als Buch erschienen unter dem Titel *Der Gott von heute: Gespräche mit Gott über die Spiritualität der Zukunft*.

(15) Seite 197: Das ist Thema eines anderen meiner Bücher, *Was Gott will*.

(16) Seite 203: Hierzu empfehle ich die Erörterung der „Zehn Illusionen der Menschen" in *Gemeinschaft mit Gott*.

(17) Seite 209: Deshalb geht es im Leben darum, Abhängigkeiten in Vorlieben umzuwandeln. Ich wurde darauf erstmals durch *Das Handbuch zum höheren Bewusstsein* von Ken Keyes hingewiesen (das ich hier noch einmal wärmstens empfehle).

(18) Seite 220: Byron Katie hat vor ein paar Jahren ein Buch mit dem Titel *Lieben, was ist* geschrieben. Ich finde es einfach großartig.

(19) Seite 226: Vor Jahren bin ich auf ein fantastisches Buch gestoßen, *Smile for No Good Reason* von Lee L. Jampolsky. Herrliche Lektüre, Sie werden sehen.

Literatur- und Filmempfehlungen

Filme:

Indigo (Spielfilm), Stephen Simon, Tao Cinemathek 2006

Indigo Evolution, James Twyman, Tao Cinemathek 2006

Gespräche mit Gott – Der Film, Stephen Simon,
    Tao Cinemathek 2008

The Secret, Rhonda Byrne, Alive 2007

What the Bleep do we know?, Horizon 2006

Bücher:

Gespräche mit Gott, Bd. 1, 2, 3, Neale Donald Walsch,
    Goldmann Verlag, ab 1997

Gemeinschaft mit Gott, Neale Donald Walsch,
    Goldmann Verlag 2002

Das holografische Universum, Michael Talbot,
    Droemer Kaur 1992

Ein Kurs in Wundern, Greuthof 2006

Die Kraft positiven Denkens, Norman Vincent Peale,
    Oesch Verlag 2002

Heile deine Gedanken, James Allen, Lüchow 2003

Das Handbuch zum Glücklichsein, Ken Keyes, Heyne 1998

Zuhause in Gott: über das Leben nach dem Tode,
    Neale Donald Walsch, Goldmann Verlag 2007

Sebstbemeisterung durch bewusste Autosuggestion,
    Émile Coué, (1920 in UK, 1922 in USA),
    Schwabe 2005

The Law of Attraction, Esther und Jerry Hicks, Allegria 2008

Der Gott von heute: Gespräche mit Gott über die Spiritualität der Zukunft, Neale Donald Walsch, Goldmann Verlag 2004

Was Gott will, Neale Donald Walsch, Goldmann Verlag 2006

Liebe was ist, Byron Katie, Goldmann Verlag 2002

Wie werden SIE „Glücklicher als Gott"?

*Lassen Sie sich von IHM
zu eigenen Texten inspirieren!*

Ich biete Ihnen in unseren freundlichen Verlagsräumen die Gelegenheit, sich unter der Leitung von Sigrid Sierleja (Dozentin für Kreatives Schreiben und freie Autorin) vertiefend mit den Ausführungen von Neale Donald Walsch zu Themen wie Glück, Freude, Liebe, Dankbarkeit und Ihren ganz persönlichen Fragen an das Leben und an IHN auseinander zu setzen. Beginnen Sie schreibend einen Weg, der Sie zu einem glücklicheren, erfüllten Leben führen kann.

Durch vielfältige kreative Schreibanregungen und -techniken werden Sie angeleitet, eine für Sie individuelle Form des Ausdrucks zu finden und sich in Ihrer kleinen Gruppe (max. 12 Personen) darüber auszutauschen.

Vorkenntnisse sind nicht erforderlich. Bringen Sie als Handwerkszeug bitte ein schönes Heft und einen Stift, der gut in der Hand liegt, mit.

Termine, Seminargebühren und weitere Einzelheiten zu dem 1,5-tägigen Workshop können Sie im Internet unter **www.schreibenangott.de** erfahren. Dort finden Sie auch eine Anmeldemöglichkeit und die Anfahrtsbeschreibung.

Joachim Kamphausen
Verleger

Erleben Sie tolle Stunden mit bemerkenswerten
Menschen bei Cultus Animi

www.cultusanimi.de
Seminare - Workshops - Vorträge & More

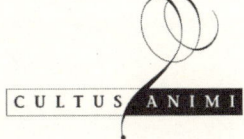

J.Kamphausen | Mediengruppe

Erleben Sie Neale Donald Walsch live
in mehreren Veranstaltungen 2009 in
Deutschland, Österreich und der Schweiz
exklusiv bei Cultus Animi und der
Mediengruppe J. Kamphausen!

Tickets sind ab sofort verfügbar.

Mit dem kostenlosen **Cultus Animi Newsletter** sind Sie
immer auf dem Laufenden.

Als Newsletter Abonnent genießen Sie bei uns diese
Vorteile.

- Info über die neuesten Spirituellen Veranstaltungen
- Teilnahme an exklusiven Sonderaktionen für das
  Event mit **Neale Donald Walsch 2009** in Deutschland!
- Frühbucherrabatte
- Teilnahme an einer großen Community
- Tolle Momente mit bemerkenswerten Menschen
- Praktische Lebenshilfe

Abonnieren Sie gleich heute Ihren Newsletter unter:

www.cultusanimi.de

Filme, die Ihr Leben bereichern

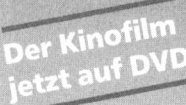
Der Kinofilm jetzt auf DVD

Gespräche mit Gott – Der Film

Der Film erzählt die wahre und bewegende Geschichte von Neale Donald Walsch, der durch eine tiefe Lebenskrise zu einem modernen Botschafter der Spiritualität und Bestsellerautor wurde und das Leben von Millionen Menschen weltweit inspirierte und veränderte.

„Eine unglaublich ergreifende Reise"
Deepak Chopra

www.gmg-derfilm.de

Stephen Simon
Gespräche mit Gott – Der Film
1 DVD, Standard Edition
Länge: 105 Min. und
Interviewausschnitte 12 Min.
Sprache: deutsch
ISBN 978-3-940551-04-7

zusätzlich erhältlich:
2 DVDs, PREMIUM EDITION
Gesamtlänge: 220 Min.
inkl. umfangr. Bonusmaterial
Sprachen: deutsche Synchronisation
u. engl. Originalfassung
ISBN 978-3-940551-06-1

Das Buch zum Film

Monty Joynes
mit Neale Donald Walsch
**Gespräche mit Gott –
Buch zum Film**
The Making Of...
240 Seiten, Broschur
ISBN 978-89901-115-9
J.Kamphausen
www.weltinnenraum.de

www.nealedonaldwalsch.com

Informieren Sie sich hie

Kinder der neuen Zeit

Sie werden »Indigo«-, »Sternen-« oder »Kristallkinder« oder häufig auch einfach »Kinder unserer Zeit« genannt. Weltweit tauchen Kinder und Jugendliche auf, die ungewöhnliche Begabungen zeigen. Sie sind besonders intuitiv, kreativ, exzentrisch und unabhängig. Viele Menschen glauben, dass wir uns kurz vor einem globalen Erwachen befinden und dass die Indigo-Kinder hier sind, um uns unser höchstes Potenzial zu zeigen.

Der Dokumentarfilm zeigt faszinierende Beispiele und präsentiert umfassende Hintergründe durch Beiträge führender Experten aus den Bereichen Medizin, Psychologie, Erziehung, Philosophie und Religion.

James Twyman
Die Indigo Evolution – Dokumentation
DVD, 70 Min., Sprache: deutsch (Voice Over)
Extras : 125 Min., Sprache: engl.
mit deutschen Untertiteln
ISBN 978-3-89901-098-5

INDIGO ist ein Film über Einsamkeit, heilende Kräfte und die Gnade einer neuen Generation von Indigo Kindern, die in diese Welt geboren werden. Obwohl er eine fiktive Geschichte erzählt, spiegeln die Emotionen und Handlungen des Films die spirituelle Dynamik des heutigen Lebens.

Stephen Simon
INDIGO – Der Spielfilm
DVD, 90 Min.
Sprache: engl. mit deutschen Untertiteln
Extras (Making of etc.): 40 Min.
ISBN 978-3-89901-097-8
www.indigo-evolution.de

www.tao-cinemathek.de | service@tao-cinemathek.de

...hier geht's weiter!

Verehrte LeserIn,

lassen Sie sich von uns inspirieren und freuen Sie sich auf Impulse zur Persönlichkeits- und Bewusstseinsentwicklung.

Nicht nur durch unsere Bücher, Hörbücher, Filme, etc., sondern eben auch – erweitert um einen Raum zur Mitwirkung und zum Austausch – ONLINE, mit

- Info-Pakete & Online-Kursen,
- Mitschnitten & Tageslosungen,
- Aktionen, Foren & Newslettern
- Communities / „mein.weltinnenraum"
- Blogs und V(ideo)logs, u. ä.

multimedial und meistens sogar gratis.

Was müssen Sie tun?
Tragen Sie sich auf unserer WebSite unter www.weltinnenraum.de ein!

Sie bestimmen selbst, welche Art von Informationen Sie erhalten, zu welchen Themen und wie häufig.

Selbstverständlich behandeln wir Ihre Daten vertraulich und geben sie nicht an Dritte weiter.

Ihr

Joachim Kamphausen, Verleger

weltinnenraum.de
J. Kamphausen | Mediengruppe